野の書物

Abe, Hinako

阿部日奈子

インスクリプト
INSCRIPT Inc.

野の書物　目次

野の書物

机のそばに図形が坐っていた

――新旧『カフカ全集』

「私はその図形に対して無抵抗だつた。その図形はゆつたりとテーブルのそばに坐つて、テーブルの面を眺めていた。」――これはカフカがノートに残した断片の一つの冒頭である。新潮社のカフカ全集（旧版）でこのくだりを目にしてまず思い描いたのは、等身大の三角定規が透明な円テーブルの傍らにくねっと腰掛け、くつろいでいる姿だった。これほどしんなり撓《しな》うからには、薄紫の定規はゼラチンででも出来ているにちがいない。カフカ的荒唐無稽！　ところが先を読むと、この〈図形〉の周りを〈私〉が〈図形〉に頸を絞められる思いでぐるぐる回り、そのまた外を〈もうひとり別の男〉〈さらにもうひとり別の男〉がやはり内側の者に頸を絞められる心地でぐるぐる回り、かくて惑星の公転さながらのぐるぐる回りが星辰の彼方まで続いてゆく、とある。天体の諧調はそのまま喉元を絞め上げる力《マハト》である、という感じ方はいかにも不安の人カフカらしいが、ではなぜ焦点に坐るのが〈図形〉で、〈私〉以下は人間なのか。腑に落ちず原文に当たると、〈図形〉はFigurであった。このフィグーア（フィギュア）はどう考えても人に寄せて訳すべきだ。ただし〈人物〉では強すぎる。カフカが〈人〉や〈男〉と書かなかったのは、人間としての特性を持たない影のごとき存在、黒い霧が人のかたちに密度濃く集まったようなぼんやりした形象を考えたからだろう。〈もうひとり別の男〉〈さらにもうひとり別の男〉も、〈三番目の奴 ein dritter〉〈四番目の奴 ein vierter〉と直訳したほうがいい。思うに、便宜的にドイツ語を使っていますといった趣のカフカのドイツ語、デノテーションで統べられたカフカの文章は、直訳がふさわしい。できうれば近未来の自動翻訳機からつるつる出てきたとでもいったような……。と、ここまで書いたところで、一九九二年東京国際ブックフェアを機に復刊された決定版カフカ全集が届いた。こちらの訳語は〈人影〉。一件落着だが、こうなると〈図形〉に愛着がわく。冗談好きのカフカもきっとお気に召したことだろう。

処女懐胎

――ジャンバティスタ・バジーレ『ペンタメローネ』

キリスト教文化圏最大の幻想は、なんといっても処女懐胎だろう。キリスト論の中心問題は、あくまでイエスというペルソナにおける神性と人性の結合関係をどう理解するかにあり、イエスが真に神にして真に人であるということさえ押さえれば、救いの御子が人のかたちをとって世界にくだりきたるために、どのような女の腹を借りようと、その女が処女であろうとなかろうと、そんなことは枝葉の事情であるはずだ。じじつ聖書はマリアの生涯に関して、さして多くのことを語ってはいない。この控えめな言及こそ、枝葉の問題にはかかわらずにおこうという穏健な態度に思えるのだが、歴史は穏健には進まなかった。その後、中世をとおして築かれた処女懐胎神話の階梯を見るとき、知恵の実を食べた人間にとって穏健の地べたにとどまることがいかに難しいか、そのことを感じずにはいられない。

中世のマリア崇敬の高まりを見てゆくと、無原罪御孕《やど》りにしても聖母被昇天にしても、もともと民衆の側に、処女懐胎の奇蹟をさらに揺るぎなく補強してもっともっと神秘的な幻想にひたりたい、というパッショネートな欲求があって、それに押されるかたちで、教会側のさまざまな解釈が打ち出されてきたように思える。

処女のままに受胎し、処女のままに出産する……たしかにこれはホモ・ファンタスティクスとしての人間の想像力をいたく刺激する不可思議である。処女にこだわらなければ、単性生殖の物語はそれまでにも存在していた。頭痛に苦しむゼウスの頭蓋骨を、ヘーパイストスが鍛冶道具で断ち割って、知の女神アテネが誕生する話。そもそも鍛冶の神ヘーパイストス自身、ヘラが異性と交わることなく生んだ息子だという説もある。ローマ神話になると、ユピテルが妻ユノーの力を借りずに自分の頭からミネルウァを生んだのち、それを怒ったユノーは花の神フローラに訴えて薬草の効能で妊娠し、戦争の神マルスを生む。つまり生む者が男であれ女であれ、単性生殖という発想自体は決して目新しいものではなかった。

種村季弘は『怪物の解剖学』のあとがきに替えたエセー「怪物胎生考」において、バッォン・ブロックの考察を引きつつ、ゼウスとマリア、二つの神話的単性生殖を対比させ、男であるゼウスの頭脳の内でパラス・アテネが造られる話を「虚無からの創造」、かたやマリアの処女懐胎のほうを「神に従順な、神の意嚮《いこう》を享けた奇蹟の創造」と分類している。たしかに精霊によりみごもり、神の子を出産するぶんには「神の意嚮を享けた奇蹟」であろう。だがもし、生ませる者が神ではない処女懐胎があったとしたら、また、生ませる者が誰であれ生まれてくる者がただの人（神でもなければアンチ神としての怪物でもないただの人）であるような処女懐胎があったとしたら、それこそ独身男子の「虚無からの創造」以上に瀆神的な単性生殖ではないだろうか。

と、こんなことを考えているうち、果たしてこのような、生ませる者と生まれてくる者のいずれか、あるいは両方が神に結びつかない処女懐胎の発想が、中世以降のキリスト教文化圏にあったのだろうか、ということが気になってきた。まずは近世の民話や口承文芸のなかにそういった例があるかどうかを知りたいと思ったのだが、専門の研究者でもなく、読書範囲も限られているとあっては、軽々しく結論めいたことを述べるわけにはいかない。ただ、イタリアの一七世紀の民話集、ナポリ地方の古い方言で書かれた『ペンタメローネ』に恰好のお話が見つかったので、ここに紹介したく思うのである。

本題に入る前に『ペンタメローネ』について簡単に説明しておきたい。日本ではあまり知られていない『ペンタメローネ』だが、成立はペローやグリムの童話集より早く、作者のジャンバティスタ・バジーレ（一五七五―一六三二）の死後、一六三四年に初版が刊行されている。バジーレはナポリ公国に生まれ、軍人として諸公に仕えたのち、南イタリア各地で総督の地位についた人物である。『ペンタメローネ（五日物語）』は題名からも察しのつくように、『デカメロン（十日物語）』と同じ枠物語の構造を持っている。ペスト流行のためにフィレンツェを逃れた貴族貴婦人の十人が山荘にこもって十日間代わる代わる話を披露するのが『デカメロン』なら、『ペンタメローネ』のほうは、十人の女が王妃の無聊をなぐさめるため一人一日一話、五日で五十話を語り継ぐ趣向で、最後の五十話目に枠自体がひっくり返るどんでん返しが用意されている。語られるお話の中身は、バジーレが小さいころから親しんだナポリ周辺の民話で、そのため初版の題名は『昔話のなかの昔話』となっていた。民話集とはいえ単に民話を採集したという以上に文学作品としての完成度が高く、手許の創元社世界少年少女文学全集・第二十三巻（「イタリア童話集」として十二篇を収録）の訳者解説によれば「珍奇、浮華、誇張、虚飾を特長とする十七世紀バロック文学の典型」ということになる。原文のナポリ方言から現代イタリア語に全訳したベネデット・クローチェも「イタリアでもっとも美しいバロック作品」とこれを評し、「一般的な寓話の本の中で、世界でもっとも古い、もっとも豊かで、もっとも芸術的なものは、イタリアの所有するバジーレのペンタメローネである」と誇ってバジーレ論を書いている。なお一九世紀には独英仏の各国語に翻訳されており、日本でも何回か部分訳が出たのち、現在は杉山洋子・三宅忠明による全訳が刊行されている。

＊

さてここで紹介したい処女懐胎の話は、「女どれい」と「雌じか」の二篇である。前掲の創元社版、柏熊達生の訳で、まずは「女どれい」のほうから引用しよう。

むかし、セルヴァスクーラに、ひとりの貴族がおりました。貴族には、まだ結婚をしない、年ごろのリッラという妹がひとりありました。リッラは、いつもほかの女友だちといっしょに、庭で遊んでおりました。

ある日のこと、美しいばらの花が咲いているのを見て、女の子たちは、だれでもそれをうまくとびこえた者が、ほうびをもらうことにしよう、と話をきめて、かわるがわるその上をとびましたが、だれも花にさわらずに、うまくとびこえることができませんでした。ところが、リッラは、ずっとうしろにさがっていきおいよくかけて行くと、ぱっとばらをとびこえました。それでも、花弁が一つ落ちてしまいました。リッラは、きびんでりこう者でしたので、だれにも気づかれないようにして、その花弁を拾うと、口にのみこんで、ほうびをもらいました。

それから、三日のたたないうちに、リッラのおなかが大きくなりました。

このあとリッラは「自分のからだの変わったことをできるだけかくしておいて、こっそりと、だれにも知られないようにして」かわいい女の子を生む。引用部分に描かれたリッラの活発な振る舞いから、この生き生きした若い娘、というよりまだ子供子供したところのある少女が、処女であったろうことを読み取っていただきたい。

話の先を急ぐと、リッラの娘リーザは七歳になったとき、髪を梳く櫛が頭に刺さって死んでしまう。母親はさめざめと泣き、娘の亡骸を幾重にも入れ子になった水晶の箱のいちばん奥に寝かせたうえ、屋敷のいちばん端の部屋に安置し、鍵をかけて、さらにその鍵を金庫にしまいこむ（バロック的過剰！）。ところが母としての悲しみがあまりにも深かったものだから、リッラはほどなく死んでしまい、妹を愛していた兄の貴族は、いまわの際の妹との約束を守って、以降、屋敷奥の部屋を不開《あかず》の間とする。だが、リッラの死後に貴族と結婚した奥方が、好奇心を抑えきれず、ある日、夫の留守に鍵を開けて秘密を暴いてしまうのだ。水晶の箱の内に妙齢の乙女（なんとリーザは箱ごと成長していた！）の姿が透けて見えるのを発見した奥方は、夫の隠し事に腹を立てて箱をつぎつぎ開けてゆき、乙女の髪をつかんで箱から引きずり出そうとする。と、そのはずみに、頭につき刺さっていた櫛がぽろりととれて、リーザはひと声「おかあさま！」と叫んでよみがえり……と話はまだまだバロック的珍奇をふりまきつつ続くのだが、次の例があとに控えているので、ここらへんでやめておこう。

二篇目の「雌じか」は、ルンゴペルゴラのヤンノーネ王が、世継ぎの子供が生まれずに困っている場面から始まる。悩みに悩んですっかり人柄が変わってしまった王さまのところに、ある日、白い長い髭をはやした賢人がやってきてこんな知恵を授けるのだ。「お子さまがほしかったら、海竜の心臓を持ってこさせて、それをひとりの娘に料理をさせなさい。すると、そのなべから出てくるにおいだけで、その娘がみごもりましょう。で、その心臓がよく煮えたら、王妃さまにさしあげてください。王妃さまは、すぐに九か月の妊婦くらいにみごもることでしょう」。もちろん王さまは驚く。「どうして、そんなことができるかね？　それは、とてもむずかしいことではないだろうか？」素朴な質問を発する王さまに、賢人はすました顔でこう答えるのだ。「おおどろきになるには、およびません。なぜなら、むかしの話をお読みになれば、ジュノーネがオレーニの原で花の上を通りながら、みごもって出産したということが書いてあります」。ここで賢者が持ち出したのは、先に触れたユノーの単性生殖の神話である。が、それはともかく、かくして国をあげての竜探しが始まる。

そこで、百人の漁師が海に送られて、漁にとりかかり、いろいろのさかなをとっておりますうちに、ついに一頭の竜をとらえて、その心臓を取ると、それを王さまのところに持ってまいりました。王さまは、それをひとりの美しい侍女に料理させました。侍女は一室にとじこもって、その心臓をなべに入れて火にかけると、たちまち煙が出て、侍女のおなかが大きくなったばかりでなく、部屋じゅうの家具という家具がふくらんでしまいました。それから、数日のうちに、いすからは小さないすが、テーブルからは小さなテーブルが出てくるといったぐあいに、家具の子どもがぞくぞくと生まれました。

心臓が煮えたので、王妃さまのところに持って行って、王妃さまがそれを召しあがると、すぐに、おなかが大きくなって、四日ののちには、王妃さまも、それから料理をした侍女も同時に、それぞれかわいい男の子をうみおとしました。

お話はこのあと王子とその異母兄弟（?）の冒険譚となりいよいよ面白くなるのだが、残念ながら本題に立ち返らなければならない。さてこの美しい侍女は処女であったかどうか。確証はないものの、賢者がはじめに「ひとりの娘」（杉山・三宅訳では「生娘」）と指定しているのだから、素直に信じて処女としておこう。となれば、これは煙による処女懐胎である。おまけに家具の面々までが妊娠する。アホらし、椅子が椅子生んでどないするねン（ナポリ方言のつもり）と言いたくもなるが、これも一種のバロック的賑やかしというものなのだろう。

＊

ここで再び先の種村季弘のエセー「怪物胎生考」に戻ると、こんな記述が目に飛びこんでくる。

バツォン・ブロックの定義にしたがえば、右の二つの神話的単性生殖のうち、処女生殖は「神の人間化」の神話であり、独身者創造の方は「人間の神化」の神話であるという。キリスト教的中世はいうまでもなく処女生殖の神話の上に立っている。一方、「ギリシャ人たちはその哲学の主流において一貫して人間の神化という思想を神々の人間化という思想より好んでいた」(B・ブロック「処女生殖と独身者の機械」)のだから、妊婦より美しい彫像を愛し、ピュグマリオンやヘーパイストスのようなかずかずの独身者としての自動人形制作者をその世界の中枢部に抱えていたのも当然であろう。したがってまた、キリスト教的中世を脱して異教的古代を復活させた十六世紀人たちが、競って自動人形の制作に耽奇したことも不思議ではない。吉岡実流の語呂合わせを用いるなら、この瀆神的な独身(神)者たちの毒身としての人形崇拝は、十八世紀の機械論者にいたるまで一世を風靡するのである。

一五七五年生まれのジャンバティスタ・バジーレの頭には、どうやら典型的な一六世紀人の夢想がぎっしり詰まっていたようだ。花びらや煙でみごもる娘たちは処女懐胎神話を脱神秘化し、ユノー神話の引用には異教的古代への親近感が示される。水晶の箱に納められた少女は自動人形を思わせるし、家具(モノ)が家具(モノ)を生む光景にはオートマティックな機械生産のイメージがうかがえる……。

こうしてみると『ペンタメローネ』は、たとえ五十篇全部が現代人の鑑賞に堪えうるわけではないにしても、近代の黎明を感じさせるファンタジー文学として、もう少し見直されてもよいかもしれない。

幸福なコキュ

——ギュスターヴ・フローベール
『ボヴァリー夫人』

初めて『ボヴァリー夫人』を読んだときから、エンマよりシャルルに関心があって、シャルルの一人称で小説を語り直すとしたらどんなふうになるのかと思ったりもするのだが、果たしてシャルルのような人が内面を吐露したりするだろうか、いやそもそもシャルルに内面というものがあるだろうか、などと考えているうちに頓挫してしまう。わかりやすいエンマの傍らで、シャルルはなんと曖昧模糊としていることだろう。思うにシャルルを捉えるということは、〈内面がない〉状態を理解することに等しいのだ。

『ボヴァリー夫人』からシャルルを連れ出し、たとえばムイシュキン公爵のとなりに立たせてみる。『白痴』の終幕近くで、ナスターシャ・フィリポヴナが『ボヴァリー夫人』を読んでいることにはさまざまな解釈が成り立ちそうだが、ドストエフスキーはこの場面をごくさらりと流している。婚礼をすっぽかされた公爵がナスターシャの寄宿先を訪ね、主のいない部屋に通されると、テーブルの上に、図書館から借りてきたフランスの小説『マダム・ボヴァリー』が読みさしでひらいてあるのにふと目がとまった、というぐあい。公爵は本を手に立ち去るが、この時刻、すでにナスターシャはロゴージンに殺されて冷たい骸となっている。つまりナスターシャは、エンマの悲劇を最後まで読むことはなかったと言えそうだ。どちらも黒髪で色白のヒロイン二人を比べたり、ドストエフスキーの意図を読み解くのも一興ではあるが、ここはシャルルとムイシュキンに話を戻そう。

第一に、免許医と公爵は、ともに欲望の体系では捕捉しかねる存在である。なぜそうなのか、なぜそうなったのか云々の自我をめぐる問いはひとまずおくとして、ともかく彼らは共同体のなかで財産や地位の梯子を昇ることに欲を持たない人間である。シャルルの場合は焚きつけられていかがわしい手術を手掛けたりもするが、燃えるような動機が自身の内にあるわけではなく、いわばなりゆきである。野心を抱いて着々と事を進める薬剤師オメーとは対照的だ。かといって公爵やシャルルが内向的かといえば、そうではない。むしろ対人関係や社交においては人なつこく、前向きでさえある。その無防備な人付き合いが結果的には仇となり、公爵がペテルブルクに現れたからこそ本来別世界の住人であるナスターシャとアグラーヤの衝突が起こり、シャルルの二度の結婚が二人の妻を死に至らしめたりするのだが……。とまれ彼らは欲得なしの行動で、触媒のごとくに状況の加熱を促進するのである。

次に公爵の持病、癲癇について。公爵の発作は、癲癇の前駆症状さながら緊張の度合を増してゆく状況のただなかに、突如振り下ろされる斧の一撃である。膠着した現実に促されるようにして、その打開を一身に引き受けてする供儀の舞踏といえよう。一方シャルルはそうしたスティグマを持たない人物のように見えるが、ほんとうにそうだろうか。庭の青葉棚に腰掛けてとりとめない愛の高揚のうちに絶命するシャルルの澄み切った最期は、引き延ばされたあげく、生涯の終わりにただ一度訪れた発作と捉えることもできるのではないか。

二人のあいだには大きなちがいもある。なにより目立つのは、人の感情を見抜く洞察力だ。ナイーヴに見える公爵だが、小説を読み進むうち、相手の心理の微妙な襞まで理解していることに驚かされる。登場人物全員の心の内は、ムイシュキンの眼差しによって透視されているのである。かたやシャルルは、エンマの抱く軽蔑や苛立ちに気づかない。高飛車に出られたり邪険にされたりすると、困惑して泣くばかり。この鈍感さは、シャルルが侮るという感情のカテゴリーを知らないところからきている。シャルルという人は他人を軽蔑することがないので、自分に向けられた刃にも思いいたらず、かえってエンマを焦らせ追いつめてしまう。

また愛の問題についても、公爵とシャルルは遠く隔たっている。慈愛の人ムイシュキンにとって、地上的な愛は、最終的には触れ得ない一個の禁忌である。それに対してシャルルは、思いのほか深く愛の幸福、愛の陶酔を知る人ではないだろうか。新婚のころの、幼児の後追いにも似たつきまといぶり。免許医は診察に出かけてゆくものの、途中で妻の顔がもう一度見たくなり、急いで引き返してきて胸をときめかせながら階段を昇ると、化粧中の妻の背中にすがりつくのである。またエンマが死んだのち、シャルルは妻の道具類や衣裳、妻宛ての恋文、妻の情人、娘ベルトの面立ちなど目に映るものすべてにエンマの名残を見て、それをむさぼらずにはいられない。シャルルにとって生前のエンマの立ち居振る舞いはなにもかもが無上の歓びであったし、死後エンマの残したものはなにもかもが美しい。いにしえのペルシアの神秘家の詩句「吾が心愛に満ち、それゆえに虚ろなり」を献じたいほど、シャルルは忘我の恍惚境、しどけない歓びを知る官能的人間なのである。

そこから遡って子供のころのシャルルの挿話で忘れがたいのは、大祭日に教会の鐘の大綱にぶら下がってゆわんゆわんと揺れ動く小さな影だ。宙吊りの足の下にはなにもない。空っぽの頭で高く低く揺れながら、大気や光にまぎれてゆく無限の歓び。自然との交歓に身をゆだねる田舎の子には、内面も言葉も夢想もいらない。あとになって知らされた妻の不貞がなにほどのことだろう。シャルルの一生はそれを遙かに上回る歓びと幸福に満たされていたのではないだろうか。

ゲイ・スタディーズの一里塚

——風間孝、キース・ヴィンセント、河口和也編集
『実践するセクシュアリティ——同性愛／異性愛の政治学』

考えあぐねていた問題が次から次へと整理されてゆくようで、ゲイ・スタディーズの可能性に驚きつつ読み終えた。〈動くゲイとレズビアンの会〉刊行の本書では、当事者中心主義の重要性と半面での避けがたい排他性をどうするか、セクシュアリティを（生物学的）本質と見なすのか社会的構築物と見るのか、性的アイデンティティに依拠した実存かそれともアイデンティティそのものの解体・不要論か、現状でのカミングアウトに意味はあるか等々の問題について、活発で繊細で真摯な探究がなされている。

しかも論議の進め方に誠実さがある。たとえば一九九七年に行われ本書に収録された二つのシンポジウム、上野千鶴子を迎えての「ゲイ・スタディーズ　ミーツ　フェミニズム」と浅田

彰を招いての「セクシュアリティとアクティヴィズム」について、主催者側スタッフの松村竜也が総括論文「聴くこと／語ること――「私」と「私たち」をとりまく政治の中で」を載せている。当日の聴衆へのアンケートを使ってシンポジウムの受け取られ方を分析し、その分析を鏡に発言者の主張の問題点を照らし出し、さらに松村自身の見解を示して論議を先へ導いてゆくアクチュアルな論文で、ここで私はシェイン・フェランが提唱した、アイデンティティをプロセスとして捉え直す〈ビカミングアウト〉という考え方を知り、共感した。この総括により、ゲイ・スタディーズの最前線が示されているといえるだろう。

壇上の発言者がそれぞれ自分の立場を明確にして発言し、主催者側が総括論文でスタンスをより鮮明にしたとなると、あと問われるのは聴衆や私たち読者の立つところである。一人一人が自分の位置に自覚的にならなければ、無責任な言説があふれ返って人を叩くという暴力は止まない。松村は私たちに、あなたはどんな位置からその発言をして（しないで）いるのか、そういう発言をして（しないで）いるあなたはどこに立っているのかと問いかけている。ゲイ・スタディーズの存在を知ったいま、私自身のこれまでを振り返れば、正常・自然・規範的という社会的地位を獲得している異性愛のなかで生きてきた人間ではあるけれども、異性愛の磁場で出会う荒廃や空疎や不均衡に抵抗を覚え、自己流で〈ヘテロ社会を弱体化させるためのヘテロ・スタディーズ〉を追求してきた、といえるのではないかと思った。

時代は変わる

木村直恵

『〈青年〉の誕生——明治日本における政治的実践の転換』

副題から〈実践〉の一語を見逃すと、自由民権運動の挫折ののちに起きた政治から文学へという集団転向、あるいは世代交替の話だろう、と見当がついた気になってしまう。ところが読むうちに、見当を上回る考察へと導かれることになる。ここに登場するのは全国津々浦々の無名の一般人であり、この人々が、内に帝国憲法の発布と帝国議会の開設、外に不平等条約改正問題を抱えた明治二十年代初頭のわずか数年間に、なにをカッコイイと思って人生に採り入れ、なにをカッコワルイと思って放逐したかという話、それも具体的な態度や行為の諸相が検証されるのである。検証を通して、各自が自発的にしたはずの〈非政治化〉という選択が、帰結として内乱の可能性を摘みとり、国内に敵対関係のない国民国家を成立せしめたその過程の〈政治性〉が見えてくる。

木村直恵はこの大転換を考察するのに、当時めざましい発行部数を誇り、若い世代に圧倒的支持を得た雑誌『国民之友』を活用した。徳富蘇峰率いる民友社の雑誌『国民之友』が、〈青年〉という新たな読者像を創り上げ、しかもこの〈青年〉を際立たせるための否定的他者像として〈壮士〉をも同時に創出したことがまず論じられるが、このとき木村の目は、雑誌掲載論文の文面だけでなく、それがどのように読者に受け取られたかという点に注がれる。なぜなら人々は書かれたものを分析的に熟読するわけではなく、ピンとくるところを勝手に取り出して受容するからである。こうした認識で受容のされ方を追ってゆくと、人々が壮士的悲憤慷慨を捨てて青年的内省を採り、物語を捨てて小説を採り、反骨を捨てて効率主義を採り、同志的連帯を捨てて友情を採り、そうした選択の果てに自らを非政治化していった数年間の激変が、その場に立ち会うかのような現実感をもって感じられるのである。

本書序章で木村は「いかなる大きな転換であっても、いやそれが徹底したものであればあるほど、当事者たちは速やかに自らの被った出来事を忘却し、しばしば全く意識しないことすらある。だが、当事者たちですら免れない忘却と、隠蔽と、否認と、無自覚を、共有しないことが歴史的な作業の本務である」と述べ、歴史と向き合う姿勢を明らかにしている。方法論をそのつど提示しつつ論を進める書き方にも納得した。実証研究にも理論構築にも優れた若い書き手の登場が頼もしい。

しかし時代はこのあとも変転する。徳富蘇峰の「国民新聞」が日露戦争終結の講和に際し、ただ一社、この結果（賠償金なし、樺太の南半分のみの割譲）に満足すべきであり、これ以上を望んで大戦争を無限に持続するのは不条理、との社説を掲げ、屈辱的講和条約破棄を叫ぶ国民の怒りを買ったことは、知られるところである。明治三十八年九月五日、国民新聞社に押し掛けた群衆は、民友社の社員を殴りつけて工場になだれこみ、活字台をひっくり返したのであった。

言語化された安川加壽子のピアニズム

青柳いづみこ
『翼のはえた指——評伝安川加壽子』

ピアノ教育者としての名声に比べて顧みられることの少なかったピアニスト安川加壽子の業績を、正面から問い返そうとする評伝が出た。安川が日本のピアノ界に伝えた新しい曲解釈、新しい速度感覚、新しい奏法……いままで曖昧に「フランス風」と呼ばれてきた安川のピアニズムを見直し、安川が時代のなかで担った役割を掘り下げて考察した本書は、同時に、この半世紀の日本の音楽状況を照らす見事な論考となっている。みっしり中身が詰まっていて、紹介のためとはいえ要約するのが惜しいほどだ。

一九二二年生まれの安川が一歳で渡仏し、十歳からパリ音楽院で恵まれた教育を受け、五年後に一等賞を得て卒業すると、三九年に大戦前夜の日本へ帰って華やかにデビューを飾り、以後ピアノ界の第一線で活躍し、九六年に歿するまでの生涯が、同じピアニストならではの踏みこんだ筆致で描かれる。パリ音楽院時代のコンクール評に始まり、ベートーヴェン「熱情」、シューマン「謝肉祭」ほかショパン、ドビュッシー、ラヴェルを弾いた四一年の帰朝リサイタルから、リウマチと手指の腱断裂に苦しみつつシューマン、ショパンに取り組んだ八三年の最後の舞台まで、安川の演奏会歴が丹念にたどられもする。

選曲を読み解いて安川の意図を明らかにしつつ、当時の演奏会評と著者自身の耳で聴いた感想を対比して語れるところが、青柳いづみこの強みだろう。当然そこでは、センチメンタルな印象批評がまかり通る日本の音楽環境の悪さ、ひいては音楽教育の後進性が、安川の、そして青柳自身のフランス体験に基づいて指摘される。早熟な才能により多くを課して大成させようとするフランス式教育の詳細、また一九五〇年代に安川が子供の発表会の演目にシャブリエやプーランクなどフランス近代の洒落た小品を選んでいた挿話なども興味深い。

が、ここまで書いてきたことにもまして重要なのは、安川のピアニズムの真髄が明晰に言語化されたことである。手首を固定し曲げた指を振り下ろして打鍵するクラヴサン由来の奏法が主流だった日本のピアノ界に衝撃を与えた安川の脱力奏法、体重を腰で支え全身の関節から力を抜いて、鍵盤を指の腹でやわらかく練るようにタッチしてゆく合理的な弾き方が、さまざまな角度から検討されている。安川が軽々と弾いてみせた連続オクターヴの技法は、フランスで〈ポワニエ〉と呼ばれる手首を上下に使ったスタッカートであり、コルトーによって開発され弟子のサンソン・フランソワに受け継がれたフランス・ピアニズムの貴重な遺産、と解説される。さらに技法の源はショパンに遡り、ピアノの詩人が、美しい音色となめらかなパッセージのために革新的な奏法を試みていたことが証される。安川が十代のころから自然に身につけていたピアニズムの系譜が、門下とはいえ資質のちがう青柳によって客観的・分析的に語られるところが本書の魅力だ。

それにしても十七歳までパリ育ちの安川が、師も学友もいない、ピアノのコンディションも悪い日本に降り立ち、今後は人前で演奏することで自立的に学びレパートリーを広げてゆかねばならないと腹を決めてからの、なんという精進の日々だろう。読み終えて、狭い自意識から自由で、公平で受容力に富み、ピアニストとしても家庭人としても本分を尽くした一人の女性のたおやかな姿が浮かんできた。

意志と情熱がほとばしるフィルモグラフィ

――増村保造著、藤井浩明監修
『映画監督　増村保造の世界――《映像のマエストロ》映画との格闘の記録1947－1986』

一九八六年に歿した増村保造の全仕事を顧みる大冊が出た。全五百二十七ページの半分が増村の文章、残り半分が増村組メンバーへのインタヴュー、大映時代の盟友プロデューサー藤井浩明によるフィルモグラフィ、写真資料という構成である。増村の論考のうち、黒澤明、溝口健二、市川崑を論じた「三人の作家」や、ヴィスコンティやフェリーニなどを取り上げた映画評論は、現在の目からすると作家論に傾きすぎと感じられもするが、純粋に監督としての立場から書かれた演出論には、古びない面白さがある。なにしろ一九五〇年代半ばに留学先のイタリア国立映画実験センターから帰り、「なによりも先ず「個人」を、強烈な本能と、がっちりした論理を持つ人間を描こう」(「イタリアで発見した「個人」」)と決意した人である。日本映画に流れる自己抹殺の美学には、真っ向から異議を申し立てている。

たとえば一九五八年に書かれた「ある弁明——情緒と真実と雰囲気に背を向けて」。「私の作品はドライで情緒がないと言われる。又人物が喜劇的に誇張されていて、軽佻の感があり真実味が足りないと評される」と始まり、「私は、「情緒」と「真実」と「雰囲気」に背を向けて、生きる人間の意志と情熱だけを誇張的に描くことを目的としている」と明言し、「日本映画ベスト・テンを占める二つの作品群——一つは日本の社会をそのままにみとめ、はかなき小市民の「情緒」をたっぷり描く自然主義的風俗映画、一つはイデオロギーの上に腰を据えて、日本社会の欠陥を観念的に描く、「真実」あふるる通称リアリズム映画——そのどちらも私の趣味ではない」と結ばれる歯切れのよいマニフェストは、有言実行されて『巨人と玩具』(一九五八)、『妻は告白する』(一九六一)、『卍』(一九六四)などの増村映画が生み出される。

なかでも私が面白く観たのは、大江健三郎『偽証の時』を原作とする『偽大学生』(一九六〇)である。全学連運動で高揚する東大歴史研究会に紛れこんだ偽学生が、官憲のスパイと疑われて学生寮に監禁され、リンチの果てに発狂し精神病院に送りこまれてなお「反帝反米」のシュプレヒコールを繰り返して、全学連仲間への連帯を表明するという内容。増村はあくまで即物的に、速いテンポで撮ってゆく。偽学生にジェリー藤尾、歴研部員に若尾文子という意表を突く配役。若尾文子の女子学生は、戦前に思想弾圧で東大の教授職を追われた父を持つという設定で、黒澤明『わが青春に悔なし』（一九四六）の原節子を偲ばせる役どころなのだが、父親とドライなやりとりを交わす一場面は、戦前と戦後でインテリ家庭内の父娘関係が変容したことを見せる演出だろう。若尾文子がこのような家庭背景を負った左翼学生に見えるかといえば、どうしたって見えないわけだが、そこが描写的リアリズム嫌いの増村流でもある。どんな場面にどんな役柄で登場しても、設定からはみ出してその場に余剰を生ぜしめる若尾文子の過剰さは、『偽大学生』全体に異化効果をもたらしていて、それこそ増村の望むところであったはずだ。本書の自作解説（「自作を語る」「『偽大学生』の思い出」）に当たってみると、ジェリー藤尾の演技を絶賛しつつ「これは僕が自分でも好きな作品です」とあった。

名訳詞華集に託された祖国への思い

――『金素雲『朝鮮詩集』の世界――祖国喪失者の詩心』

林容澤

十二歳で来日し、どや街の朝鮮人労働者から採取した民謡の翻訳で日本の文壇に登場した金《キム》素雲《ソウン》（一九〇八−八一）。一九四〇年に編んだ詞華集『朝鮮詩集』は名訳と謳われ、戦後は岩波文庫でロングセラーになっている。私が初めて金素雲の訳詩に触れたのは、子供向け文学全集の「世界童謡集」でのこと。〈朝鮮編〉の童謡は八篇で、なかでも家族が一人また一人と失踪する恐ろしい内容を、美しいリフレインを用いて訳した「花を植えて」に魅せられた。その後、岩波文庫『朝鮮詩集』で李陸史《イーユクサ》「青葡萄」や鄭芝溶《チョンジヨン》「カフェー・フランス」を知り、金素雲の訳業への尊敬は高まったが、片方で自伝『天の涯に生くるとも』を読むと、本人でさえこれだけの辛酸を嘗めねばならなかったのなら、別れた女たちの労苦心痛はいかばかりだったろうと、男の身勝手を責める気持ちにもなる。

さらに一九九〇年代に入り、練達の日本語に否を言う視点があるのを知った。たとえば金時鐘《キムシジョン》の「私の日本語、その成功と失敗」。「いい日本語というのは、また言葉そのものも、白樺派文学に見るような、日本の自然主義文学の、あの細やかな流麗な言葉のことです。私もそういう日本語で育ってつくられたのです。ですから、そのような日本語から私はどう抜け出るか。(中略)訥々《とつとつ》しい日本語にあくまでも徹し、練達な日本語に狎《な》れ合わない自分であること。それが私の抱える私の日本語への、私の報復です。私は日本に報復を遂げたいといつも思っています。日本に狎れ合った自分への報復が、行き着くところ日本語の間口を多少とも広げ、日本語にない言語機能を私は持ち込めるかもしれません。その時、私の報復は成し遂げられると思っています」。日本語の間口を広げる金時鐘の日本語に注目するとき、金素雲の熟達洗練の日本語は否定されるべきなのか？　そんな疑問を抱えつつ手に取った『金素雲『朝鮮詩集』の世界——祖国喪失者の詩心』であった。

著者の林容澤《イムヨンテク》は、萩原朔太郎の韓国語訳もある研究者。当初は、留学生として金素雲を研究テーマとすることには気乗りがしなかったし、周囲にも、なぜあんな日本びいきの人物を取り上げるのかという非難があったという。しかし、戦時下に編纂された『朝鮮詩集』の歴史的意味を考え、時局と作品選定の関係を検討し、金素雲の再創作ともいうべき翻訳を著者自身や許南麒《ホーナムギ》ほかの逐語的な訳と比較し、訳詩の背後に佐藤春夫、島崎藤村、萩原朔太郎、上田敏、永井荷風らの影響を探るうち、林はある結論に達する。その結論とは、母国語がいつ滅びるか知れないとき、同時代の詩人四十数名の翻訳に徹して母国の詩心を日本人に伝えようとした金素雲の仕事は、祖国を失った植民地知識人がなしうる一つの抵抗であり、その底には、たとえ他の言葉で衣替えさせられたとしても母国語の実は永遠に残るという信念があった、というものである。

当時の金素雲の胸中を証すのに、林は一九四〇年五月刊行の『朝鮮詩集・乳色の雲』のあとがきから、同胞に宛てた次の言葉を引いている。

Rよ、朝鮮の言葉はやがて文章語としての終止符を打たれようとしてゐる。生活の隅々から影を没し去るといふのではないが、已に社会語としての活きた機能を失ひつゝあるのは事実だ。(中略)恐らく十年後には朝鮮語による詩作品はあつてもそれを読むものが無くなるのではあるまいか。

Rよ、幾世紀の間辛酸冷遇の中にあった「正音」が、やうやく陽の目を見たと思ふ間もなくまた暗い蔭の道を辿らうとしてゐる。数奇といふか、薄幸といふか、何せ苦難の附纏ふ文字だつた。然しながら今は手放しで感傷に溺れることを許されない。さらに力強い鎧が朝鮮文学の表現のために用意されることを信じよう。梅は自ら意志することなくして花を開く、それが摂理だ。

人は時代の制約のなかでしか生きられない。『朝鮮詩集』翻訳に込められた金素雲の志は、六十年をけみし、林容澤によって照らし出されたのである。

世界少年少女文学全集
映画監督
増村保造
増村保造 著
藤井浩明 監修
〈映像のマエストロ〉
映画との
格闘の記録
1947-1986

バランシン伝

亡命人生をも愛した不屈の映画人

――ジョゼフ・ジュッファ『ベーラ・バラージュ――人と芸術家』

初めてベーラ・バラージュの名に接したのは、童話『ほんとうの空色』の作者としてであった。貧しくて絵の具が買えない少年が、野原に咲く青い花の絞り汁で空を描くと、絵の空に月や太陽が昇り雲が流れる、という幻想的な童話で、主人公と同じ年頃だった私はすっかり魅了された。その童話を書いた作家が、衣笠貞之助をいち早く評価した映画研究者と同一人物であることを知ったときの驚き。それ以来、バラージュについて詳しく知りたいと思っていたところ、ジョゼフ・ジュッファによる浩瀚な評伝の邦訳が出て、ハンガリー生まれの夢想家のまつろわぬ生涯をたどることができた。

『ベーラ・バラージュ――人と芸術家』の終章は葬儀の場面。「一九四九年五月二〇日、彼は埋葬された。全ヨーロッパからの弔文、弔電の中で、一つの名前がなかったことが目立った。ルカーチの名前だった」とある。本書を読んで、バラージュの人生がどれほどジェルジ（ゲオルク）・ルカーチと絡まりあっていたかに衝撃を受けた。もちろんコダーイもバルトークもブレヒトもパプストもムージルもエイゼンシュテインも登場するが、関係の深さではなんといっても同郷のルカーチである。理論のルカーチ、創作のバラージュとお互いを補完的存在と見なし、ドストエフスキーをめぐる対話を延々と交わした青年期には、一歳ちがいの二人が同じ女性に恋したことも一度ならずあったとか。一九一八年のブダペスト蜂起、共産主義への傾倒、保守派の巻き返しと共和国崩壊によって始まった亡命へと、二人は思想と行動を共にしながら、前半生を駆け抜ける。が、しかし……。批判しあい、口もきかなくなった二人が、それでも同じモスクワの地に政治亡命者としてとどまり、戦後ハンガリーに帰ってからも、同じ共産党ペンションに入居せざるをえなかったとは！

若き日のバラージュは、日記に「僧院の人には向いてなかったので、私は魂の網を物と人びとの上に投げ、掬い取らなければならない。私は世界を愛する。人とその生活に好奇心を抱く。私は沢山の人びとに出会いたい。私はかくの如くであり、自分自身に忠実でありたい」と記していた。バラージュの亡命生活は四半世紀に及ぶ貧困との闘いでもあったが、根が楽天家のこの人はいつでもどこでも旺盛に仕事を創り出している。先に触れた『ほんとうの空色』にしても、逃亡先のウィーンで一九二〇年に映画シナリオとして書いたものだが、奔走むなしく実現しないとなると、今度は童話に書き改めて五年後にドイツ語での出版に漕ぎつけている。

バラージュの墓碑銘は本人の詩「ある男の歌」から引いて「私はこの人生を愛した／この人生も私を愛してくれた」。ルカーチにしてみると、このオプティミズムが許しがたかったのかもしれない。

はざまにいる容疑者
——多和田葉子『容疑者の夜行列車』

現実と非現実が境目なしに入り交じった多和田葉子らしい連作短篇集。パリやグラーツなど具体的な地名は出てくるものの、それらの都市が描かれるわけではない。各篇の舞台は、ヨーロッパの各都市へ、北京へ、ボンベイへと走る夜行列車のコンパートメントである。

連作を貫く主人公の〈あなた〉はコンテンポラリー・ダンスの踊り手で、各地の劇場や音楽祭に呼ばれ、夜行列車で出かけてゆく。ところがこの〈あなた〉には名前がない。名前どころか性別も国籍も明示されない。つまり〈あなた〉とは誰なのか、そしてなぜ〈あなた〉は容疑者なのか、という問いが、この短篇集を読み解く鍵になるだろう。

雑誌連載で始めのほうの何篇かを読んでいたときも、〈あなた〉の正体が気になっていた。

九割方は男と読めるのだが、女かもしれない可能性も残されている。さらに国籍もわからない。織姫彦星というたとえが出てくるので、東洋人だろうと思うものの、それにしては夜行列車に乗り合わせた人たちが誰一人として〈あなた〉にどこから来たのか尋ねないし、異邦人ながらよほどヨーロッパに溶けこんだ人物なのかと想像したりする。

先回りすると、じつは連作の最後のほうで、謎解きのような場面が出てくる。二十年以上前、主人公がボンベイへと走る夜行列車のなかで自分のパスポートを開くと、そこにあるはずの〈私〉の顔写真、「日本人女性」の顔写真が、若い男のものに変わっており、名前を記した文字も、ひらがなに似てはいるが見たこともない文字になっているのだ。日本人女性だった〈私〉は、どうやらそのときから性別も国籍も定かでない〈あなた〉にすり替わってしまったらしい。そして問題は、この誰でもない〈あなた〉の意味するところである。

以前に多和田はエセー「〈生い立ち〉という虚構」のなかで、「[ドイツに渡ったときの]一番の関心事は、やはり言葉だった。ドイツ語がぺらぺらになりたいというのではなく、何かふたつの言語の間に存在する〈溝〉のようなものを発見して、その溝の中に暮らしてみたいと漠然と思っていた」と書いている。この小説の〈あなた〉は、一人称と三人称のあいだの溝、男と女のあいだの溝、西洋と東洋のあいだの溝に生きる存在である。また旅そのものが二地点間の溝に在る時間であり、夜行列車は国境という溝を越える列車、夜から朝への溝を走る列車といえる。夜行列車の乗客は、〈あなた〉に限らず誰も彼も、生い立ちを脱いでひととき〈溝〉にいる人たちなのだ。
溝に生きる存在が、溝を走る列車で、溝の時間を過ごすとなれば、そこにはおのずと物事の輪郭が溶けて漂い出すような寄る辺ない雰囲気が醸し出される。コンパートメントのなかは、寄る辺なくもあり放恣で無秩序でもあるような、異空間となるのである。言葉が思うように通じないこの異空間では、全体状況を把握するのは難しい。その場の掟らしいものや、相手の出方を測りつつ、誘いに乗ったり断ったりの判断を、手探りでしてゆかなければならない。ますます寄る辺なく、半面ではますます放恣にならざるをえないゆえんである。

全体状況がつかめないというシチュエーションは、カフカに似ていなくもないのだが、カフカだと、登場人物は自分が何者であるか立場を鮮明にしようとする。たとえばKは測量士を自称するのだが、いっかなそれは通用せず、周囲はみな彼の自称を疑っているし、しかも疑っている人々の自称もまた怪しいのである。誰もがうさんくさい自称を押し通そうとするため、いろいろとえげつない事態が起こってくるのがカフカの文学世界だろう。一方『容疑者の夜行列車』では、〈あなた〉は自称しない。尋ねられればダンサーだと答えるが、それを証明しなければならないというわけではない。カフカの登場人物が、共同体のなかで生き延びるために証明を迫られる者であるとすると、夜行列車に乗る〈あなた〉は共同体と共同体の〈溝〉で生きる存在だといえよう。

ではこの〈溝〉に生きる〈あなた〉はなぜ容疑者なのか。〈あなた〉はどうやら、名前もなくていい、性別もなくていい、国籍もなくていい、財産もなくていい、家や家族もなくていい、ダンサーという職業はあるものの所属するカンパニーなどなくていい、というふうに生きているらしい。意志や欲望や責任の担い手である個人が集まってつくられているはずの社会にとって、〈あなた〉のような徒手空拳の存在は、職業革命家よりも危険な秩序紊乱者ではないだろうか。〈あなた〉は資本主義のもとでも社会主義のもとでも体制を内側からきしませる潜在的な抵抗体であり、そのことで永遠の容疑者なのである。

しかし容疑者はそのまま犯罪者ではない。犯罪者と市民の〈溝〉に位置する存在だ。三篇目の「ザグレブへ」には、こんなくだりがある。はったりをかまして公演を打つ資金が引き出せたなら、そのときこそ、と〈あなた〉は考える。「信用されたら、身を粉にして働こう。粉になった身は麻薬の白い粉のようにまわりの人を酔わせるかもしれない。一度成功してしまえば、あなたが嘘から出発したことなどもう誰も思い出せないはずだ」。昨日の容疑者は今日の芸術家となり、世界各地で舞台に立ち、観客を酔わせる。しかしそれで〈あなた〉は容疑者ではなくなったのか。いやそうではないだろう、舞台がはねて駅へと向かう芸術家は、暗いプラットフォームで夜行列車を待つあいだに、怪しげな容疑者に戻っている。出自と同じく名声も、根拠を持つものではないのだから。

この容疑者に〈あなた〉という二人称を与えることで、小説はいっそう面白さを増している。これは書き手である〈私〉の物語ではない、〈私〉によって書かれた〈彼・彼女〉の物語でもない、不特定多数の読者〈あなた〉の物語かもしれない、という呼びかけがなされているからだ。これを読んでいるあなた、あなたは自分のことを、私は私であって、日本人で、女で、四十代で、勤め人で、妻で母で、と信じているかもしれないけれど、ほんとうにそうですか、それは思いこみではないですか、という声がこの連作短篇集からは聞こえてくる。あなたの足元にだって〈溝〉はあるでしょう、というように。

多和田の文体は、情景や心理に分け入って精緻にそれを描出するといったふうではない。逆にぶっきらぼうというか、ごつごつした手触りが独特の効果を生んでいる。この『容疑者の夜行列車』でも、生理的・肉体的な感覚を生々しく描くさいに、文章の肌理の粗さがうまく作用していると感じられた。たとえば「ハバロフスクへ」という一篇。〈あなた〉は列車から転落してシベリア草原の真ん中に取り残されてしまう。寒い草原を歩いてようやく人家にたどりつくものの、言葉もあまり通じないまま、なにかスープのようなものを振る舞われ、ほとんど無理やり桶の風呂に入れられると、自分の身体が両性具有になっている、という話である。両性具有になったことを、なしくずしに認めて受け容れてゆく身体感覚がリアルで、読みながらおののいた。

妄執の伽藍を支える饒舌
――岩井志麻子『女學校』

入れ子になった悪夢の物語である。入れ子構造の夢小説といえば夢野久作『ドグラ・マグラ』にとどめを刺すが、学位論文や精神病者の草稿からなるこの長大かつ奇天烈な哲学小説についてゆけず、途中で放り出した人でも、『女學校』なら大丈夫。登場人物は若妻二人きりだし、彼女らの話題はただ一つ、女学校に終始するのである。

『女學校』の學の字からも察せられるように時は大正時代。ハイカラ趣味の洋間では、女主人の花代子が客の月絵をもてなしている。花代子の夫は新進気鋭の弁護士で、月絵の夫は実業家。姉妹のごとき二人は女学生気分が抜けないのか、会えばあのころの話が始まる。

女学校。そう呟くだけで、永遠と恋とは虹色の輪郭を持って、我が手のひらに収まりそうではありませんか。わたくしがかつて通ったあの場所、そして触れ合った学友に恩師達。何より清楚な檻にも似た、あの校舎。

勘のいい読者なら、冒頭の一ページで早くも不吉な予感にうち震えることだろう。この文飾、この美辞麗句。良家の令嬢や令閨にあるまじき、アクロバティックな饒舌である。

そもそも幸福な人間は言葉を蕩尽しようとは思わない。一人称の饒舌体小説の主人公は、おおむね不幸と相場がきまっている。たとえばジャック・シャルドンヌの『離愁（エヴァ）』。夫はその日記に妻エヴァへの永続する愛を語って倦むことを知らないが、彼がエヴァを褒めれば褒めるほど、妻しか存在しないかのような夫の世間の狭さが不安をかきたてる。夫は友人とも疎遠になり、文学的野心も手放して、ただ妻にのみ関心を向けているのだから。結末で唐突にエヴァが家を出て行ったことが記されるが、そこにたどり着く前に、読者は夫の錯誤がもたらす夫婦関係の破綻を見抜いている。「やっぱりね」というわけだ。つまり、言葉と現実との乖離をあらわにする饒舌とは、ことほどさように禍々しいものなのである。

『女學校』もまた、この法則にのっとっている。恵まれた暮らしぶりを語る花代子の、まことの姿とはなんだろう。先に夢を叩き割るのは、可憐な妹分の月絵のほうだ。「……わたし達、本当は女学校に通ったことなど、ないのです」と切り出す月絵の口元には、冷酷な薄い微笑が浮かんでいる。声や口調もがらりと変わってしまい、贅を凝らした居間は空想の産物、現実の二人は苦界に身を沈めた女郎だと言い放つのである。

「あたしもカヨちゃんも、親戚には売られる男には騙される雇い主には搾り取られる他の女どもには蔑まれるで、転々と流れ続けたよね。その間、もちろん女学校どころか尋常小学校だってろくに通わせてもらえなかったけどさ」

読者は「やっぱり」と得心する。だが、一度の「やっぱり」で終わってしまっては短篇小説にしかならない。岩井志麻子の手腕は、このあと物語を二転三転させて、女郎屋の土間も夢まぼろし、じつは二人はドォルズ・ハウスの人形で、いやそれも白日夢、じつは離れに幽閉された病人で、と夢の底を次々に蹴破ってゆくところにある。足場は端から突き崩されてゆき、自分が自分であることも疑わしくなる。もはや悠長に構えてなどいられない、覚めても覚めても別の悪夢のただなかという恐怖が、ひたひたと足元に寄せてくる。と同時に、最初は鼻持ちならない高飛車女と見えた花代子に、惻隠の情がわいてくるから不思議だ。なんとか花代子を悪夢の無限ループから救い出してやれないものかと思わずにはいられないのである。

悪夢の中心に居坐るのは、もちろん女学校だ。行きたくて行きたくて行きたくて、ついに行けなかった女学校。女郎だから、人形だから、病人だから、行けなかった女学校。身を焦がすほどに切望してかなわなかった願いは、妄執となって生き延びる。入れ子になった悪夢の物語『女學校』は、畢竟、妄執の大伽藍といえよう。ほとばしる饒舌が妄執をあおり、あおられた妄執が饒舌を促して、いよいよ聳える大伽藍。一作ごと文体に工夫を凝らす岩井であるが、今回はそらぞらしくも芝居がかったですます調が、眩暈をさそう反復描写とあいまって、よくこの大伽藍を支えている。

周作とは誰か——『秋津温泉』に見る戦後批判

吉田喜重
『秋津温泉』

これはほんとうに吉田喜重の映画だろうか……、中期以降の現代映画社の作品で吉田喜重を知った者は、『秋津温泉』(一九六二)を見てこう呟かずにはいられない。まず冒頭のカラー映像に不意打ちを食らう。みずみずしく撮られた〈秋津〉の四季。情感あふれる林光の音楽。弾けるように笑い、感情の振幅にまかせて動きまわる岡田茉莉子。メロドラマと悲劇の両要素を併せもった濃厚な物語。すべてが意外で、目をみはる。

私が見始めた一九七〇年前後の吉田喜重の映画といえば、モノクロームの風景のなか、というよりカラーだとしてもモノクロの明暗を思わせる機能主義的な室内や、ひと気のない路上や砂浜で、登場人物が関係の不確かさをめぐって張り詰めた対話を交わし、つきとめられない真相へ向かって時間を巻き戻すような回想を試みるが、しかし記憶が共有されることはなく、そのあげくに関係も真相もますます分裂して宙づりにされたまま唐突に終わるという印象で、不可知論が映像化されたような斬新さだった。

それが『秋津温泉』では、なにもかもが正反対に見える。岡田茉莉子が演じる新子と長門裕之の周作との十七年間が奔流をたどるように描かれて、回想場面はいっさいなく、出来事は時の経過に沿って一直線に進んでゆく。周作との関係を一つの受難と思い定めながらも、受難であるからこそ手放そうとしない新子にも、新子の無尽蔵の好意をあてにしつつ、しかしそれに応えられないことを熟知している周作にも、不確かさや曖昧さはない。あるのは絶対的な愛と絶対的な不実なのだ。数年おきに秋津を訪れる周作と迎える新子の記憶は、秋津でこれまでの秋津を思い返す限りにおいては重なる。しかし秋津を離れては二人が共有するものはなにもない。一回ごと関係は抜き差しならない域にさしかかるかに見えて、実際の二人の生活は確実に隔たってゆく。合間にごくあっさりと周作の岡山や東京での日々が挟まれはするが、できる限りよけいなものを取り去って、秋津での二人を描くことに徹した映画は、秋津と秋津の人間である新子が美しければ美しいほど、見る者に秋津の外で流れる時間の非情な力を感じさせるのである。『秋津温泉』は吉田喜重らしくない、むしろ企画者である岡田茉莉子の映画ではないかと考えていた私だが、繰り返し見るうち、藤原審爾の原作小説を換骨奪胎して別の世界を造りあげた脚本に、吉田喜重の刻印がくっきりと押されているのだと思うようになった。

藤原審爾の『秋津温泉』は一九四九年の刊行。清冽な叙情をたたえた中篇で、戦前を扱った前半はサナトリウム小説として読むことができる。十七歳の周作は寡婦の伯母に連れられてたびたび秋津を訪れるうち、常連の湯治客と親しくなるが、なかでも大阪からカリエスの療養に来ている直子に恋心を抱くようになる。直子は、一途な激しさを心の底に秘めながらも表面は冷たく、人を寄せつけない美貌の少女である。しかし関係は進展しないまま、やがて直子は秋津に来なくなる。三年ぶりに秋津を訪れた周作の前に、養家から秋津に引き取られた新子が若女将として登場する。周作は生命力に満ちた新子に惹きつけられるが、戦争が始まり秋津を去らねばならない。戦後、秋鹿園（映画では「秋津荘」）新装の新聞広告を見て秋津に登ってゆく周作は、妻の晴枝とのあいだに一歳になる娘を持つ身である。再会した新子の変わらぬ情愛に打たれるが、秋津の澄んだ気配に押しとどめられ、新子を抱くことができない。さらに未亡人となって秋津を訪れた直子とも再会して、晴枝、新子、直子それぞれへの恋情に揺らぐ自分を哀しく思う。時は流れ、初めて秋津を訪れてから十年が過ぎるころ、周作は新子から見合話が進んでいるという手紙を受け取る。諦めるため、と自分に言い聞かせて秋津に来た周作だが、激情に押し流されるようにして新子と結ばれる。小説は、翌朝二人が湯殿から秋津の空を染める朝焼けを眺める場面で終わっている。

吉田喜重は原作から戦前の章を削り、逆に戦後を先へと延ばしている。この延ばされた時間のなかで、新子と周作の津山駅での別離、周作の七年後の秋津再訪、旅館を手放した新子の自殺が描かれる。つまり映画は、戦後を背景に、新子という女の生涯を最期まで見せていることになる。

戦前を捨てたことで、周作を取り巻く女たちから伯母と直子は姿を消したが、岡田茉莉子の映画出演百本記念作品だから、ヒロインが一人なのは当然だろう。それに、陰影深く書きこまれていた伯母や直子の面影は新子に重ねられ、映画の新子はまさに三位一体の存在といってよい。小説だと、新子は初対面の周作から宿の女中にまちがわれるような、素朴で朗らかな女である。周作を育ちのよい坊ちゃんと見て、一歩退いているところがある。映画ではその新子に直子の美貌や誇り高さが与えられ、また若さをもてあましながら寡婦として身動きがとれずにいる伯母のなまめかしさも投影されている。かくして輝くばかりに健康で匂いたつほどに美しく、初々しさと色香が入り交じった新子が誕生するのだが、岡田茉莉子の身体と演技は、この夢の女としての新子を完璧に実体化している。山間の温泉宿の女将にはあでやかすぎる着物の数々も、岡田茉莉子の新子なら納得せざるをえない。その着物の裾を軽やかな足取りで捌き、幸福や陶酔や憤りの表情を浮かべて、秋の野を、雪道を、桜吹雪の下を、橋の上を、渡り廊下を駆けてゆく新子の、なんと豊麗なことだろう。映画の後半、津山駅で周作を見送ってのち、抜け殻のようになってしまう新子との対比が、いっそう映える演出である。

原作を膨らませた新子の造形に対して、周作のほうは、ほとんど吉田喜重のオリジナルといえよう。小説の周作は、情の濃やかな新子が惚れこむのもうなずける繊細な文学青年で、寄る辺ない境遇と自分の非力に耐えている。ところが吉田喜重の手になる周作は、新子を裏切り続けるろくでなしで、新子に心中を持ちかける場面など、太宰治から文学的才能を引いたような臆面のなさだ。言うこともやることもその場しのぎで、なにごとも真面目に受け取るまいという態度だけが一貫している。これほど周作の人物像が異なると、小説と映画で同じ台詞が吐かれても、その意味合いはまるでちがってきてしまう。周作の結婚を知った新子から晴枝の人柄を訊かれて「木綿のような女だ」と答えるときも、小説では、孤児同士が寄り添うようにいっしょになった晴枝を自分の一部と見なしたうえで、戦後を生き抜くにはあまりにもひ弱な自分たち夫婦を恥じらう気持ちがにじみ出ている。かたや映画の周作は、その一瞬、自分の矛盾に向き合わされて思わず声も口調もくぐもるのだが、しかし彼はそれ以上矛盾を掘り下げることはしない。舌の上に残った苦々しさを呑みこむと、投げやりな気分で岡山の日常へ戻ってゆく。

周作とは誰か。おそらく吉田喜重は、戦後日本の戯画として、周作とその処世を描いている。周作の結婚が明らかになる三度目の秋津は一九五一年、日本が火事場泥棒のごとき朝鮮戦争特需で繁栄への足がかりをつかんだ時期であり、津山駅で別れる四度目は五五年、自民党一党支配体制が確立した年だ。そして新子が手首を切り水辺で絶命するラストは、映画公開時と同じ六二年、日米関係を問う政治の季節が過ぎ去って間もないころである。能天気と露悪を使い分けて新子に甘えてきた周作は、ついに新子を失う。周作自身でさえ信じていない彼の内なる無垢を、なぜか信じて待っていた女を、むざむざ死なせてしまうのである。渓流にやわらかな陽射しが降り注ぎ、桜は小止みなく散るが、橋を渡った先に待っているはずの夢の女は、もういない。静かだが、断固たる結末だ。ここに吉田喜重の厳しい戦後批判を見る思いがする。

バランシンとファレル

NHK・BS
『バレリーナ　スザンヌ・ファレルの回想――バランシンと私』
バーナード・テイパー
『バランシン伝』

ジョージ・バランシンは一九〇四年、革命前のペテルブルクで生まれた。ゲオルギイ・バランチヴァゼを、二十歳のころ、セルゲイ・ディアギレフの案で「バランシン」と改姓している。生誕百年にあたる今年（二〇〇四年）はパリ・オペラ座でも三回にわたる特集上演が組まれ、バレエ・リュス時代の『放蕩息子』、ニューヨーク・シティ・バレエを立ち上げてからの『シンフォニー・イン・C』『フォー・テンペラメンツ』など、振付の精髄を伝える充実したプログラムのようだ。

私自身は格別なバランシン・ファンというわけではなく、衛星放送で『バレリーナ　スザンヌ・ファレルの回想――バランシンと私』を見たのもファレルに関心があったからだが、このドキュメンタリー映画の予想を超える内容に、見終えてしばらくは呆然としてしまった。ファレルがバランシン最後のミューズで、彼女のために振り付けた作品がいくつもあることは知っていた。またバランシンの歿後に上梓されたバーナード・テイパーの『バランシン伝』でも、初老にさしかかるバランシンが十代のファレルに夢中になり妻と離婚したが、ファレルは同輩のダンサーと結ばれ、その恋は実らなかったという経過がさらりと書かれている。だが年の離れた二人にこれほど葛藤に満ちた関係があったとは、思いもかけないことだった。

スザンヌ・ファレルは、現役時代に見ておきたかったダンサーの一人である。ファレルがバランシンのもとで踊っていた一九六〇年代といえば、小中学生の私が欧米へ観劇に行けるはずもなく、新聞に載る海外バレエ評や写真を穴のあくほど眺めては、こんなに伸びやかな体つきのバレリーナが現代風な振付で踊ったらどんなかしらと夢見ていた。なにより〈現代風〉なクラシック・バレエというところが、私には謎であり憧れでもあった。当時、六四年にはローラン・プティが、六七年にはモーリス・ベジャールがそれぞれバレエ団を率いて来日してはいるのだが、私は見逃している。バレエといえばまだまだ『白鳥の湖』が定番で、七三年にNHKホールの落成記念公演でボリショイの『スパルタクス』が全幕上演されると、新鮮に見えた時代である。その一方でモダン・ダンスと呼ばれていたマーサ・グラハムやマース・カニングハムの動向は案外よく伝わっていて、街なかのモダン・ダンス教室ではコントラクション&リリースの号令一下、生徒たちが船を漕ぐように体を撓らせていた。つまりクラシックはクラシック、モダンはモダン、それぞれ別のものと見なされていて、コンテンポラリー・ダンスなる呼称はまだ存在していなかった。下手の横好きでクラシック・バレエを習っていた私だが、世界ではクラシックとモダンの壁が崩れつつあることには気づいていた。しかしどうしたら、胴体をスクエアに保って踊るクラシックと、関節を斜めにスライドさせるモダンが繋がるのだろう。クラシックを基礎にモダンの動きを加味した作品に興味は募るものの、ヴィデオもDVDもないころで、静止した写真から動きを想像するほかなかったのである。

とりわけ、スザンヌ・ファレルがボディタイツで踊る写真には惹きつけられた。それまでのバレリーナ像というと、とくに日本では小柄で華奢、マイセンの磁器人形のような可憐さが身上だった。オルゴールの蓋で回転する精巧な細工物の女の子という感じ。だがファレルはちがっていた。背は男性ダンサーよりも高いくらいだが、白いボディタイツに包まれた体は、ほっそりしながらなだらかな起伏が美しい。しっかりした骨格にすっきりと筋肉がついて、スポーティな印象だ。長い脚のラインも自然で、作りものめいたところがない。ファレルには間にあわなかった私だが、のちにベジャールの『ボレロ』でショナ・ミルクを見て、大柄なバレリーナの魅力に開眼した。波打つ黒髪を揺らして踊るミルクからは、妖精ならぬ生身の人間の存在感が放たれていて、これが私たちの時代のバレエでありダンサーなのだと思わされた。

さて先のドキュメンタリーでは、その素晴らしいファレルがバランシンとの恋を回想している。一九九六年制作のフィルムだから、ファレルは五十代前半、すでに舞台からは退いて後進の指導に当たっている。目尻の小皺に年齢が現れてはいるが、首から肩にかけての流れるような曲線がエレガントで、若手に教えながら踊るシーンでは、全身を垂直に貫く軸が見えるようだ。ファレルは一九六〇年にバレエ学校に入学するとたちまちバランシンの目にとまり、ニューヨーク・シティ・バレエに入団、すぐに新作『ピアノとオーケストラのためのムーヴメンツ』に起用される。このときファレルは十六歳、バランシンは周囲に「彼女は神からの贈り物だ」と洩らしたそうだ。やがて巡業先のバランシンから、詩を綴ったラヴレターが届く。前掲のテイパーの評伝によれば、バランシンはめったに手紙を書かず、なんでも電話で済ませていたそうだから、これは大変なことだ。つたない英語で書かれた詩は「ぼくは夜どおし君の夢を見る……心は晴れ、砕けた夢もよみがえる」と、まるで少年のよう。「この恋でバランシンは若返り、私は大人びたのです。出会いは運命でした、誰にも止められなかったでしょう」と振り返るファレル。だが、もちろんバランシンには妻がいる。そのころの苦悩をファレルは率直に語っていた。「愛し合っていましたが、私は三角関係の三番目の人間でした。彼はいつだって奥様の家に帰ってしまう。私は彼のためにいつもスケジュールをあけていたのに」。いつもスケジュールをあけていた……ここで私は涙ぐんでしまった。そもそも眠っている時間以外は、バレエを追いかけバレエに追いかけられているのが、バレエを職業とした者の毎日だ。身近に知る日本の中小バレエ団の例だと、午前中に団員のためのレッスンを受け、午後は幼児・小中高校生のクラスを教え、日によっては公民館や幼稚園へ出稽古に赴き、夕方から大学生や社会人など上級者のクラスに混じってレッスンし、そのあと公演のための練習にかかる。この練習たるや、振付家（たいていはバレエ団を主催する先生）のその日の調子で遅くまで延びてゆくというぐあい。ファレルの場合は、子供を教えたり衣裳を縫ったりする仕事はないかわり、教授法がちがう先生方のレッスンを幾つも受けたり、新作の振付や再演物の稽古、なによりも連夜の舞台でスケジュールはびっしり埋まっていただろう。バレエに捧げて残り少ない時間をなおバランシンのためにあけていた心情に、胸が痛む。

さらにファレルが苦しんだのは、罪悪感だ。「絆は深まりながらも、頭の片隅でいつも何かが間違っているという気持ちがしていました。この関係を終わらせなければ、何かとんでもないことをしでかしそうで怖かった。自殺さえ考えたほどです」。バレエ団の内外で噂されるようになり、それを知ったステージ・ママの母親はバランシンとの結婚を望んで「彼と結婚しないのなら一生独りでいなさい」とまで言う。スポーティで華やかな外見とはうらはらに、古風で奥ゆかしい性質のファレルが、主役を踊り喝采を浴びながらどれほど孤独だったか、察するにあまりある。ましてやここは、家族を大切にしフェアであることを重んじるピューリタンの国なのだ。

もう一つ、バランシンの妻が往年のプリマ、タナキル・ル・クラークであることもファレルには辛かったろう。ル・クラークは十二歳でバランシンに見出されて才能を伸ばし、一九五二年にはバランシンの四人目の妻ともなって順風満帆と思われていたが、四年後、キャリアの頂点でポリオに罹り、車椅子での生活を余儀なくされる。評伝作家テイパーはバランシンの長年の友人で、ル・クラークとも親交があるらしく、病を得ても闊達な元プリマの人柄をとても好意的に描いている。テイパーの見るところ、夫婦は仲睦まじく、よく二人で出かけ、自宅に友達を招き、飼い猫をかわいがって幸せだったという。過去三人の妻たちとはそれぞれ四、五年で離婚しているのに、ル・クラークとは十六年連れ添っていたのだから、もしファレルに出会わなければ、バランシンは良き夫だったかもしれない。

ただし恋の結末は必ずしも悲劇ではない。バランシンから逃れるように結婚したファレルだが、ドキュメンタリー映像にも登場する夫のポール・メヒアが好青年で、その後のファレルを支えている。またバランシンのほうも、五度目の結婚こそしなかったものの、終生、親しい女性が傍らにいたようだ。なによりもバランシンがル・クラークの暮らしを気遣い、一九八三年に亡くなったとき、自作の著作権や上演権などを元妻に手厚く遺していることにほっとする。

一般に、物語や叙情を排してより純度の高い身体表現を求めたのがバランシンの「抽象バレエ」だと言われる。だがバランシンの最たる特徴は、音楽を視覚化したらこうなるだろうと思わせる、とびきりの音楽性だろう。そして音楽にドラマや感情が宿るように、バランシンの振付も決して抽象一辺倒というわけではない。優れたダンサーが踊れば、そこに香気も立てば歓びもあふれる。現役のダンサーでは、オーレリー・デュポンあたりが艶やかでうってつけだ。

しかしその半面、音楽とのまったきシンクロナイズが、古びて感じられもする。スピーディ、スポーティ、スポンタニティを美とした、二〇世紀アメリカの詩情そのものと映るのだ。最高の配役で見て拍手するときも、遠ざかる風景を懐かしむような距離感はぬぐえない。いま私の眼は、もっと引っかかり、ジグザグし、きしみ、抵抗し、波立つものを探しているようだ。

「放っといてくれ」──自閉と自足

──ジェイムズ・ノウルソン
『ベケット伝』

ドナ・ウィリアムズの著作、『自閉症だったわたしへ』ほかを読むと、全部とは言わないが、うなずけるところがある。自分を取り巻く社会を圧力と感じ、他者からの干渉を暴力と感じるドナは、予期せぬ質問が苦手だ。その中身もだが、まずは答えを求めて自分に浴びせられる音声と言葉が、彼女を硬直させる。また、よく推奨される「まっすぐ相手の目を見て話す」ことも、ドナのような人には逆効果。目を覗きこまれると、言いたくないことまで言わされそうで、威嚇されているような心地がするのだ。

自閉症についての私の理解は、器質的な脳機能不全を原因とした認知の偏りをともなう発達障碍であり、つまり自閉症の人の奇異に見える情動や行動も、知覚情報を脳が整理できないところからきている、といったところである。そうした脳科学からの見方が広まることにより、本人や家族に向けられる忌避の眼差しが改まればなによりだろう。だがその半面、医者でもない私たちが、脳機能不全のひと言で自閉症者と非自閉症者のあいだに線を引いて弁別してしまうことは、人間洞察の幅を狭めることにしかならないとも思う。たとえば意思の疎通がうまくいかないとか、習慣的な行動様式にしがみついて変化に対応できないとか、こだわりが強くて物事を受け流すことが難しいとか、自閉症の特徴と言われる偏りは、程度の差こそあれ誰でも覚えのあるものだ。ドナの、質問は紙に書いてあらかじめ渡してほしいという要望にしても、わからなくはない。誰だって不意打ちを食らうのは嫌だし、いつなんどきも落ち着いて自分らしくしていたい。自閉的な傾向の持ち主は、外界や他者が自分らしさの障碍となり、独りのほうが安心していられるものだから、人の世のそこここで困難に陥ってしまうのだ。

独りでいることの平安を、こう語った友人がいる。「このジャングルのなかで、半径数キロメートル以内に人間は私一人だと思うと、心の底から安心感がこみ上げてきたの」。発言者は、一九七〇年代のヒッピームーヴメントに乗って東南アジアに出たきり、糸の切れた凧のように帰ってこなくなってしまった日本人女性で、五十代にさしかかったいまもオーストラリアでその日暮らしをしている。彼女があるときインドネシアで少数民族の集落を訪ねようと思いたち、現地で地図を描いてもらってジャングルに入ったものの道に迷い、なんとか生還して放ったのが先のひと言だ。ルソーが考えた〈野生人〉とはこのような人かもしれないと思わせる友人だが、本人は「日本のように万事きちんとしたところでは私なんか生きていけない」と確信していて、貧乏にあえいでも帰国しようとはしない。影の薄い外国人として、マレーシアやインドネシアやオーストラリアでふらふらと暮らしていくのが自分にはふさわしいのだそうで、どうぞ私のことは放っておいてくださいとばかり、マイペースで生きている。

彼女を見ていると、〈自足〉という存在様態が想われて、もしかすると自閉と自足はかなり近いのではないかと考えたりする。もちろん、社会的な存在である人間が他者の承認を求め、「私が誰だか言ってくれ」と乞いながら生きていることも真実であろう。しかし片方で、「影の薄い存在でいたい」「放っておいてください」というのも、人間の根深い本性ではないかと思うのだ。目立たずに、出自も来歴も問われることなく、誰の記憶にも残らないよう、匿名のもとに生きられたら、と夢想する人は多いのではないだろうか。

この「匿名のもとに生きる歓び」「見捨てられてあることの幸福」とでもいった反転した感覚を、私は長いことベケットの戯曲から汲み取れるように思ってきた。意味もなく死を待ち続ける人間の絶望的状況をニヒルに描き出した不条理劇、などと解説されるベケットの世界だが、その意味の成り立ちがたさ、人生も言葉も時間もばらばらに断片化されたような頼りなさに、かえってなぐさめられるというか、安らぎを覚えるのだ。二〇〇三年に邦訳が出たジェイムズ・ノウルソンの『ベケット伝』上下巻でその生涯を知り、やはりベケットもまた「放っといてくれ」の一族ではないかという印象を持った。

ベケットは、師と仰ぐジョイスには献身的に仕え、周囲にはいつも変わらぬ穏やかな態度で接する友誼に篤い人物であった。金欠病だった若いころにすら、もっと苦しい親友に「ぼくたちのあいだで貸し借りがどうとか敵同士みたいにギヴ・アンド・テイクのようなくだらないことを言うのはやめよう」と提案してなけなしの金を送り、『ゴドーを待ちながら』が世界中で上演されるようになり経済的な余裕ができると、末期癌を患うかつての恋人の夫に「言うまでもないと思うが、金銭面のことは最後までぼくをあてにしてくれ」と申し出ている。押しつけがましさを極力排したこの切り出し方が、そのままベケットの人柄を物語っていよう。

ノウルソンの評伝では、一九三五年に二十七歳のベケットが、九歳年長の精神分析医ウィルフレッド・ループレヒト・ビオンに出会い、二年間にわたる分析で自己認識を解きほぐしてゆく様子が語られていて興味深い。知的・文学的好奇心を共にする二人は、いっしょにC・G・ユングの講演を聴きに出かけるなど、主治医と患者という立場を超えた親しい間柄となるが、ベケットはビオンの手助けを借りながら、母への愛憎、自己の世界への過度な埋没、その結果としての他者からの孤立など、自我の構図の問題に取り組んでゆく。ノウルソンは、分析が進むにつれ、生きることへのより自然で自発的な姿勢を見出してゆくベケットの変化を、この時期にベケットが親友へ宛てた手紙からも読み取っている。

かくしてベケットは、寛容で礼儀正しく思いやりに満ちた人物へと脱皮してゆくのだが、しかしその半面で、この、二〇世紀を代表する知性の人——評伝ではベケットの読書傾向を詳しく知ることができるが、まさに大教養人としての読書であり、その正統性に圧倒される——は、制度や儀式が大嫌い。教壇に立つ気はない、授賞式やパーティには出ない、最晩年に長年の女友達と入籍したのも相続を考えてのことだったし、ベケットに宛てられた手紙はほとんど残っていないという（逆にベケットが送った手紙は宛先人の元に保管されている）。ぜいたくは本と絵画だけで、衣食住にさしたる関心はなく、家や家具調度にも無頓着だったというあたりに、いわば無味乾燥な、特性のない生活を愛していた様子がうかがえる。パリ郊外の簡素な住まいの写真からは、名声や権威などできればご免こうむりたい、どうか自分を放っといてくれ、という声が聞こえてくるようだ。

放っといてくれ、という人は、おそらく自分からも他人や社会に多くを要求しない。自足している人、自足の度合が高い人、というべきか。ここで再び、自閉と自足はあんがい近いのではないかというところに帰るわけだが、そうはいってもこういう人ばかりでは、世界は縮小再生産の局面に入ってしまうだろう。だがよくしたもので、世の中には放っといてくれ派と同じくらい、発展家もまたいるにちがいない。多様な人々のバランスのうちに、放っといてくれ派がそれぞれ居場所や適職を見つけて、許されたる隠者として生きられる社会であってほしいと願っている。

典雅によろめく令夫人――デルフィーヌ・セイリグ

――ルイス・ブニュエル
『ブルジョワジーの秘かな愉しみ』

デルフィーヌ・セイリグと聞いて、まっさきに浮かぶのは『去年マリエンバートで』（一九六一）か『インディア・ソング』（一九七五）だろう。幾何学的なフランス式庭園やカルカッタの大使公邸をさまようセイリグは、一度見たら忘れられない謎めいた存在だ。謎の女は、自ら語りはしない、どこまでも語られる存在である。画面の外から、彼女について語られるさまざまな憶測。女は噂のなかを、視線のなかを、欲望のなかを漂う。人々は、女がどれほど美しくても、その場にそぐわないことを知っている。彼女自身、貴顕に囲まれながら、そこから立ち去りたがっている。男と発つ『去年マリエンバートで』にせよガンジス川に入水する『インディア・ソング』にせよ、結末は伝聞でしかなく、ほんとうのことはわからない。そんな女がいたことさえ怪しくなってくる。ここで求められているのは、希薄にして強烈、という相矛盾したヒロイン像だ。セイリグはその求めに完璧に応えている。だが、この二作品は、アラン・レネとマルグリット・デュラスが、セイリグのあの貌あの風情を使って撮影した映画であって、この謎めいた雰囲気をもってして女優としての資質を賞賛するわけにはいかないだろう。

その観点からは、むしろ『ブルジョワジーの秘かな愉しみ』(一九七二)を挙げたい。ノブレス・オブリージュもヴ・ナロードもどこ吹く風の高級官僚と奥方たちが、あちこちお呼ばれするものの、次から次へとアクシデントに見舞われ、食事にも情事にもありつけないという物語。セイリグは某国駐仏大使役のフェルナンド・レイと浮気をしている不貞の妻なのだが、登場人物の誰もが公序良俗など歯牙にもかけないエピキュリアンなので、逆立ちしてもシリアスな状況にはなりえない。老獪なルイス・ブニュエルの采配で、セイリグもレイも夫役のポール・フランクールも、驚くほど軽やかに臆面なきブルジョワ連中を演じている。先の二作品のヒロイン像とはあまりにちがうので、セイリグが『ブルジョワジー』に出ていることに気づかない観客もいるが、ひとたび意識して見直すと、コミカルで明快な演技に舌を巻く。

当然のことながら、この映画でセイリグは出てくるたびに着替えている。たとえば友人宅の昼食では、ベルト付きの上着にプリーツスカートの白いツーピースや、紺地に白い花柄が散ったブラウススーツ。晩餐では、背中を大きく刳った黒いヴェルヴェットのドレスに白い毛皮のケープ、肩や腕が透けるピンクベージュのシフォンのワンピースに水滴形の真珠の耳飾り、黒のパンツスーツにサテンの光沢がまばゆいシルヴァーグレーのシャツなど。傑作なのは、逢引の場面だ。大きなボウを結んだ白いシルクオーガンディのブラウスに黒いヴェストとスカートがひと繋がりになった（ように見える）装いでレイを訪ねたセイリグは、ベッドで服を脱ぐのに手間取り、「ああ、もう、この服ったら！」と嘆息するのだ。

セイリグが着るオートクチュールはすべてよく似合っている、それも日常着として。これがブリジット・バルドーのような特権的な肉体の持ち主だと、完璧に作りこんだ服はかえって似合わない。つねに首筋を立てるオードリー・ヘプバーンは、どこかマヌカン風でジバンシィの名が張り付いて見える。きれいに着こなすセイリグは、決して完璧な体型というわけではない。デコルテのラインは華奢すぎるし、それでいて脚は逞しいというか案外しっかりした脛をしている。歯並びの矯正を勧められて「ぜったいにいや」と断る逸話も、この人らしくエレガント。

アラバスターの肌、シャンパン色の金髪、クールな面立ち、心地良く練れた声、服の着こなし、これらが溶けあって淡いけれど典雅な印象を形作っていたのに、五十八歳での死が惜しまれる。

無為のついたての内側で起こっていること

――マルグリット・デュラス『ヴィオルヌの犯罪』

二〇〇五年の夏はマルグリット・デュラスを読んで過ごした。『モデラート・カンタービレ』を戯曲化しようと著作を積み上げていたのだが、なかでも『ヴィオルヌの犯罪』には引きずりこまれてしまった。客観視できた『モデラート』のブルジョワ夫人アンヌとちがい、『ヴィオルヌ』の殺人者クレールの生々しく不透明な在りようは、いたく私を揺さぶった。

一九六六年春、ヴィオルヌ村の陸橋の下を通過してフランス各地へ向かう貨物列車から、中年女性のバラバラ遺体の断片が発見される。被害者は聾唖女中マリー＝テレーズ、殺人を自白したのは雇い主で被害者の従姉でもあるクレール・ランヌ、五十一歳。小説の冒頭でクレールはすでに収監されており、この殺人を題材に本を書こうとする人物が関係者三人に話を聞く対話形式で、事件が顧みられてゆく。『ヴィオルヌ』は一九五〇年代にフランスで現実に起きた事件に基づいており、デュラスは小説に先立って同じ題材で戯曲を書くさいに、監獄の犯人と面談しているから、対話には取材体験が投影されているのだろう。

訊問者の関心は、クレールの人格に絞られている。人格というより、この場合は狂気とすべきかもしれない。まず訊問者は村のカフェを訪ね、クレールの印象を聞き出す。店主は、クレールとしゃべろうにも話がこんがらかって筋がつかめなかったこと、どこか正気でないクレールと離婚せずにいる夫に同情していたことを明かす。

次に訊問者は下級官吏の夫に会い、二十四年間の夫婦生活を語らせる。万事に投げやりで黙りこくり、庭先で四六時中寝ていて家事も女中まかせの妻。夫は述懐する。

彼女のうちでは永続きするものは一つもなく、どんなことにもせよ彼女が学ぶということはありえないことでした。

学ぶという必要を感じなかったのですね、何事も。彼女が理解できたことは、自分自身で説明しうることだけでしたが、どうやって説明をつけたのかは、わたしにはぜんぜんわかりません。彼女については二つのことが同時に言えて、あらゆることに対して彼女は閉ざされてもいれば開放されてもいた、彼女のうちでは何一つ永続しなかったし、彼女が何一つ保存しなかったのだとも言えます。彼女という人間は、扉もついてなくて、風が吹きぬけて何もかも持って行ってしまうような場所を思わせます。それは彼女の落度のせいではないということを悟ったとき、わたしは彼女にものを教えようという企てを放棄したのです。

この夫は、その肉体に惚れこんで結婚した妻が自分に無関心なことに苦しみ、やがて外に女を求めるようになるが、そうなってみるとなにも尋ねない妻の冷淡がかえって都合よく、妻の内側で高じてゆく狂気に目をつむって日々をやりすごしてきた。

最後の対話は服役中のクレールとの面談だが、答えつつ答えを回避するようなクレールの話しぶりは、話し手の自我が見えてこないので、聞く者をひどく疲れさせる。いまだ見つからないマリー＝テレーズの頭部さながら、クレールの自我や主体はどこかに隠されているのだろうか。確かなのは、彼女が周囲との隔絶を感じてきたこと。

世間の人たちは、自分たちだってその立場におかれれば気違いにならないとは言いきれないが、あの女は現在頭が狂ってると口をそろえて言うことでしょうね。言いたいこと言ってりゃいいんだわ、あの連中は、向こう側にいて、どんなことでも口にして、よく考えもしないでしゃべってるだけなんだから。（中略）

いいえ、一度だってわたしは彼らの側にいたことなんかありません。彼らのほうへ行くことはあっても、たとえば買物の時なんか――二日に一度、わたしは買物をしてたんです、断っておきますけど、わたしだってまったく何もしなかったわけじゃないんですのよ――そんな時はやむをえず、今日は、と言ったり彼らと口をきいたりしなきゃなりませんでしたけど、それも最小限に留《とど》めてました。別れた後でも一時間は、彼らのきんきんした芝居がかった声が耳に響いて離れませんでした。

クレールにとっては、夫も、家事を切り盛りする女中も、近所の誰彼も、向こう側の人間なのだ。その彼らの目に無為無能と映るときでも、クレールのなかでは思念が飛び交っているのだが、それは世間に通じる言葉にはならない。

仕事や家事、社交や趣味、会話や読書など、社会生活の諸要素を必要としないクレール。精神病理学では統合失調症や自閉傾向といわれる状態かもしれないが、私にはむしろ人間の原型と感じられる。先の諸要素が人生の上澄みに思える日が私にもあり、仮にそれらが剥がれ落ちてしまえば、誰の内からも一人のクレールが顕れるだろうと予感するからだ。

訊問者はクレールから犯行にいたった動機を聞き出そうとする。結婚前の恋愛については饒舌に語るクレールだが、マリー＝テレーズ殺しの理由となると話はあちこちに飛び、対話はむなしく空回りするばかりだ。

途中でクレールは、「わたしがあなたに話してることは、全部ありのままだと思いますか?」

と訊問者に反問する。これは恐ろしい問いだ。そもそも言葉にしたとたん、事物は〈ありのまま〉から浮き上がる。それが言葉の仕組みであり、すでに自身のうちで物語化されている過去の恋愛を語るさいには、クレールもこの仕組みを利用しているのだが、まるで夢を実行にうつすように犯された殺人となると、発する前に言葉はぼろぼろと崩れて意識下の混沌に呑みこまれてゆく。潜在的な狂気や、無意識の過程や、内なる混沌を言葉で描き出すことの困難はここにあるが、『ヴィオルヌの犯罪』の対話はこの難題に果敢に挑み、デッドラインまでたどり着いている。

伊藤道郎
The Dancer and His Dances
現代舞踊のパイオニア!

人間の大地 労働
セバスティアン・サルガード
写真集

世界の再生を祈って炎に包まれた僧侶

――宮内勝典『焼身』

一九六三年六月、旧サイゴン市で一人の僧侶が南ヴェトナム政府の苛酷な仏教弾圧に抗議してガソリンをかぶり焼身、死亡した（自殺とは呼びたくない。仏教用語の〈火定〉も実感が伴わないので、ここでは小説に倣い〈焼身〉の一語で通すことにする）。小学生だった私は、火に包まれた僧の写真を見て戦慄した。なにもわからなかったが、なにもかもが恐ろしかった。その後、年を追ってヴェトナム戦争は泥沼化し、私も反戦デモに加わるようになっていく。ただし当時の私には、焼身はアメリカ帝国主義と傀儡政権への抗議だという思いこみがあり、早とちりのまま、「まるで人間バーベキューね」と焼身僧を嘲ったゴ・ディン・ジェム大統領の義妹に憤っていた。まして共産主義政権が勝利したら仏教はどうなるのか、などという問題意識は露ほども持ち合わせていなかった。このように誤解交じりの関心ではあったが、その後も焼身僧の記憶は薄れることなく、数年前には当時撮られた映像を息を呑む思いで見ている。

それだけに『焼身』は一気に読んだ。宮内勝典はなぜいま、焼身僧を追うのか。かつてマンハッタンに十二年間暮らした作家は、二〇〇一年九月十一日夜、TV画面越しに世界貿易センタービルの倒壊を目撃する。そこからほとんど急かされるようにホーチミン（旧サイゴン）へと発ち、三十八年前に焼身した僧の実像に迫ろうとするのだが、それはもはや理屈を超えた衝動である。二〇〇一年の世界に生じた混乱のなか、信じるに足るものはなにかと自問する宮内は、十代だった自分を凍りつかせた焼身僧の苛烈な行為をたどり直すことで、なにかを摑もうともがいている。それにしても無謀な探求者だ。ティック・クアン・ドゥックという焼身僧の名前すら知らずにヴェトナムに飛び、すべてを自分の足で確かめようというのだから。

一九六三年、弾圧に抗して立ち上がった僧たちを、政府軍は発砲と装甲車で殺傷した。クアン・ドゥック師はすでに六十六歳。それでも若い僧に交じってデモや断食に参加していたという。五月、いよいよ増える犠牲者に、師はついに「焼身供養の請願書」を仏教協会に提出する。

宮内は焼身を取り仕切ったティック・ドゥック・ニィエップを覺明寺（Chùa Giác Minh）に訪ね、決行までの経緯を聞き出している。当時三十一歳のニィエップ師は、クアン・ドゥック師からすれば子供の世代だが、二人の仏教界での立場はある意味で逆転しており、農村に生まれ七歳で仏門に入ったクアン・ドゥック師は民衆の尊敬を受けつつも、ニィエップ師が属す協会幹部層からは遠い存在だ。先の請願書を受理した協会は「焼身供養が国内外の世論を動かすように、もっとも効果的に演出せよ」とニィエップ師に命ずる。六月十日夜、クアン・ドゥック師の寺に赴いたニィエップ師は、翌日の決行を宣告し、ひと晩でいっさいを整える。海外メディアの取材を考えた場所設定、ガソリンの購入、クァン・ドゥック師を送りとどける車の手配、消防車を遠ざける人垣の召集。すでに老齢の域に達したニィエップ師の回想は驚くほど鮮明だ。翌朝十時、カンボジア大使館前の十字路に空色のオースティンが到着し、後部座席からクァン・ドゥック師が降り立つ。弟子僧がガソリンをかけ、ニィエップ師がマッチ箱を手渡す。火は放たれた。

焼身の翌年、一九六四年にアメリカへ留学してコロンビア大学で比較宗教学の博士号を取得し、いまや仏教大学の老教授となったニィエップ師の記憶力には、宮内も驚嘆している。

覺明寺に通いつづけた。七十の老僧は、おそるべき記憶力の持ち主だった。あの前夜から、翌朝の十時にマッチを手渡すまでのことを、ほとんど十分きざみで語ることができた。サーロイ寺でガソリン代を無心したときの金額、あの朝、十字路にやってきたフランスAFP通信社のシモン・ミショー、アメリカAP通信社のマルコム・ブラウンといった名前、米軍のハキンズ大将の車が近くまできていたこと、カンボジア大使館の横手で8ミリ・カメラが回っていたことなど、はっきり憶えていた。

しかしそのニィエップ師が、クアン・ドゥック師の人柄を尋ねる宮内の質問には答えない。答える必要はない、という態度だ。

本書を読んで焼身僧への畏敬は深まった。その一方、実像が見えないもどかしさも募る。これが一九六七年にボリビア山中で殺されたチェ・ゲバラなら、四十歳を待たずに奪われた命でも、残された日記や手紙が、快活で知的で行動力あふれる男の人間味を十全に伝えて、だからこそいっそう彼の死が惜しまれる。ところがクァン・ドゥック師の場合、遺書の文面も公的で肉声は聞こえてこない。師の人格や自我は性海（深く広い真理の海）に溶けこんで、個人としては存在しないということだろうか。大乗仏教では僧に捨身の精神が継承されている、というような説明ではなく、自ら炎に包まれたその人自身の哲学が知りたいと思うのは、縁なき衆生の迷妄なのか。やみくもに焼身僧を追いかけてきた宮内も、旅の終わりに「あなたはいったい何者なのか」と考えこんでいる。

私たちには淡い痕跡が残されているだけだ。焼身の日のアルバムに残された、晴朗そのものの笑顔、という痕跡。出発の朝、師は笑って若い弟子僧に予言した。「わたしが燃えつきて、もしも仰向けに倒れたなら、わたしたちの闘いは成功して、平和がやってくるだろう。だが、もしも、わたしがうつ伏せに倒れたならば、悪い兆しだから、そのときは国外へ亡命しなさい」。最期の瞬間、師は仰向けに倒れた。

名付けえぬ関係のほうへ

——小池昌代『ルーガ』

「あたし、むかし、子供産んだの」。こんな話を女が男にするとしたら、二人の関係は深いのか浅いのか。真剣な交際に入る前に、女が意を決して男に打ち明けることもあるだろう。すでに懇ろとなった男女の寝物語に、過去が語られることもあるかもしれない。

しかし、短篇集『ルーガ』収録の一篇「旗」の二人はちがっている。女は佐々葉子、男はナントカ青石《あおし》、または青石ナントカ。青石は姓なのか名なのかわからない。男は女を「佐々さん」と呼んでいるのに、女は男を「青石」と呼びつけにしているので。そう、女のほうが年上で四十六歳、男は二十代。二人は詩の朗読会に呼ばれて前の晩から海辺の町に投宿し、午前中の朗読会の前に夜明けの海を見に行こうと、まだ薄暗いホテルの玄関をあとにしたところだ。二人はこれまでも同じ舞台に立つ機会があり、手紙のやりとりもする間柄だが、もちろん前夜の部屋は別々で、相手の私生活についてはなにも知らない。

国道を歩きながら二人は話し続ける。道の両側には風にあおられてばさばさと音を立てるノボリ旗。明け方の空は葡萄色で、墨を流したように雲が渦巻いている。会話は、とくに歩きながらの会話は、言葉の意味だけで成り立つわけではない。歩調に、気遣いに、目の色に、声の抑揚に、精神の成熟度のようなものがあらわになる。その一方で、自分たちはただ単に生きているだけの動物だという退嬰的な気分もきざしてくる。成熟と退嬰を行きつ戻りつ、二人は、遅くまで直らなかったおねしょの快感について、鮫の精液をひとたらしした喉飴の効用について、冗談交じりに語りあう、あるかなきかの性的な引力を感じながら。

葉子が、煎じつめれば独り言にならざるをえないと自覚しつつも、若いころの結婚と婚家に置いてきた子供の話をしたのは、大人びた青石の思慮を信頼してのことだ。青石なら、大仰に驚いたり、あるいは逆に、話題をやり過ごそうとして月並みな判断を口にしたりせず、その一事が葉子のなかで持つ重みを正確に受け取ってくれるだろうと予感したからだ。

当人にとっての事の重み、事実であると同時に内面の問題とも化している事の重みを曇りなく見極めることは、夫婦や親子のように日常的な紐帯で繋がれてしまっている関係では、かえって難しい気がする。近すぎて、運命共同体でありすぎて、将来までも共にあらねばならないゆえに、言えないこと、見せられないこと、持ち出せないことがあるように思うのだ。逆にいえば、そういう不自由や隠蔽を孕みながらも、それでもしぶとく、その場所にそのまま在るのが、夫婦だったり家庭というものの勁さなのだろう。

葉子にとって、自ら断ち切った絆は、乾かない傷だ。

ここ数年、葉子のうちに、繰り返す波のようにきりもなくやってくる感情は、いつもこうした後悔の念であった。いまさら悔やんでもどうにかなるものでもない。これが自分だ。そう思い直して息をつきたいとき、葉子は意識して机を離れ、本を手放し、ひたすら歩いて汗をかいた。誰かを誘うということはなかった。いつも単独の行動である。

ところが、いつもは独行派の葉子が、けさは青石と肩を並べ、旗がちぎれそうに翻る吹きさらしの国道を歩いている。髪を風に逆立てながら「いつだって、いまあるここに自足できずに、そこから落ちていきたくなるアホなのよ、あたしは」などと言っている。青石もまた単独行動者だが、なんといっても若者らしいフットワークがあり、屈託のない誘いっぷりが葉子を連れ出したのだ。二人はそれぞれに重さと軽さをまといながら、日頃慣れ親しんだ孤独を傍らに置いて、海への道をたどっている。

夫婦や恋人など、世間に居場所を持つ関係から外れて、互いになにも求めずなにも決めない交わりを、なんと名付けたらよいのだろう。淡く見えて、そのじつ裸の言葉が差し出され聞き取られる繋がりを、なんと呼べばよいのだろう。この名無しの関係を、どうか壊さないでほしい……読者として私はそう願ったが、小池昌代は思いがけない結末を用意していた。悲しすぎて、ここではそれに触れられない。

この人の推す本なら読んでみたい

――張競『アジアを読む』

新聞の書評欄で気になる本を見つけたら、その日のうちに本屋へ飛んでいって手に取るのがいちばんだ。しかしそうもいかないときは、書評を切り抜いて抽斗に放りこんでおく。それを年末に見返して、読み残した本を買いに行くのが師走のならいとなっているが、切り抜きを整理していて気づくのは、決まった論者の書評をいくつも選んでいることだ。私の場合は山崎正和、張競、中条省平、養老孟司、堀江敏幸、江國香織といったところで、なかでも張競は特別な存在。というのも、ほかの人たちはそれぞれ文学だったり映画だったり医学だったりと専門をわかった上で書評を読んでいたのに対し、張競だけは長いことバックグラウンドを知らないまま、内容の面白さに惹かれて切り抜いてきたからだ。中国古典への深い造詣、東アジアの歴史に注がれる眼差し、硬軟取り混ぜた守備範囲の広さ（料理や美女まで！）などから、中国籍の比較文学者かしらと想像していた。そうこうするうちに書店でも張競の著作を見かけるようになり、この人が一九五三年に上海で生まれ、現在は日本の大学で教えていることを知った。五三年生まれといえば、その青少年期は文化大革命の後半に当たっているはずだ。そのことが張競の仕事の持つ厚みとどう関係しているのか、憶測で語ることはできないが、たとえば人間は時代のなかで生きるほかなく、そして時代は必然と偶然の両要因でつねに動いていて、その動きの前で言葉は無力に見えてじつは後世の思いがけない布石となること等々、歴史のダイナミズムを体でわかっている人という気がする。

書評集『アジアを読む』には、日中の政治的・文化的な関わりを土台に、現代史を見据えた本が取り上げられている。民俗に色濃く残る道教の生命観をとば口に中国的思考法を読み解く『不老不死という欲望——中国人の夢と実践』（三浦國雄著）、鎖国時代に海難事故で流れ着いた人や物をめぐり中日双方の民間交流史をたどる『漂着船物語——江戸時代の日中交流』（大庭脩著）、〈世界〉を重視するゆえに、破滅へと向かう〈世界の大勢〉に引きずられることになった大正期の精神を描く『白樺たちの大正』（関川夏央著）、ほぼ百年前まで東アジアで共有された文字言語としての漢文の文体の変化から近代化の過程を考察する『漢文脈の近代——清末＝明治の文学圏』（齋藤希史著）、日本におけるアフリカ黒人のイメージの変遷に照らして、人が異文化を観るときに陥りやすい思考の類型化を分析した『アフリカ「発見」——日本におけるアフリ力像の変遷』（藤田みどり著）など、魅力的な本ばかりだ。文芸、歴史、映画、文化研究など広範囲の書物を論じることによって、日中を中心としたアジアの動向を重層的に考察している。
波瀾万丈の京劇の歴史をたどりつつ、文芸論争が政治闘争の導火線となる中国の政情に分け入った『京劇――「政治の国」の俳優群像』（加藤徹著）も、ぜひ読んでみたいと思った。京劇といえば、張競は、スチューデントパワーとヴェトナム戦争に揺れた一九六八年を振り返る雑誌のアンケートに答えて、こう述べている。

一九六八年の世界を京劇にたとえれば、ちょうど四大役柄がそろった定番演目になる。パリは「(小)生」(二枚目)で、東京は「旦」(女形)。ワシントンとモスクワが「浄」(悪役)なら、北京はさしずめ「丑」(道化)であろう。
舞台を賑わしたのは、恐ろしい隈取りをしてにらみ合い、他人の庭でわめき立てる二人の悪役である。二枚目は両方にいい顔をしようとしたが、演目は戦争物であるために、出番はそう多くない。そのかたわらで女形は悪役に媚びつつ、二枚目にも色目使いをしていた。道化はというと、劇の進行を無視して、一人芝居に陶酔していた。　（「三十二年目の回顧」）

ここで道化芝居にたとえられた文化大革命から、すでにずいぶんの年月が経った。壁新聞の片言や「人民日報」の写真一枚が煽動を意図して周到に張られた伏線であり、そこに込められた寓意を察して素早く身をかわしていかなければ、命を落とすことになる荒々しい道化芝居の十年。その鍵をただ一人握っていた毛沢東は、四旧打破を掲げて人民には焚書をさせておきながら、自身の書斎は汗牛充棟であったという。現代中国屈指の詩人とも見なされる毛沢東が、その魔術的な言語能力を駆使して仕掛けたすさまじい政争について、今世紀に入ってようやく中国国内からも体験者の証言が出始めている。注視したい。

子の〈文弱〉を受け容れる父
——矢作俊彦『悲劇週間』

対照的な父と子だった。父は本邦初の職業外交官。子供のころから神童の誉れ高く、新潟県長岡から上京して、法科学校も外交官試験も首席で通ると、朝鮮・京城(現ソウル)を皮切りに南米や欧州へ赴き、国際社会に参入して間もない日本の外交を縁の下で支えてきた。一九二五年に官界を引くまでの三十年間、京城では閔妃《ミンビ》暗殺への関与を問われて投獄、メキシコでは革命に遭遇、マドリードでは第一次世界大戦の勃発と、異国で数々の動乱をくぐり抜けている。いっぽう息子は、父が単身赴任中の留守宅で育つ。わずか三歳で母が病歿、妹と二人、胆の据わった祖母に引き取られるが、中学時代に文学に目覚めて受験勉強に身が入らず、一高の入試に二度まで失敗してしまう。ともすれば、典型的な明治人の父が息子を文弱者と叱責し、夢想家の息子が世をすねて放蕩に走りかねないところだが、この父子はちがっていた。メキシコの父は「それなら当地へ来てフランス語をみっちり習い、その足でヨーロッパへ留学せよ」と便りをよこす。かくして一九一一年の夏、息子を乗せた香港丸は、見送りの友人・佐藤春夫を桟橋に残し、横浜港を出港したのだった。名訳詞華集と称えられる『月下の一群』のあとがきで、堀口大學は、メキシコ時代こそ自分の仏文学の出発点だと述べている。二十歳の大學は、この地で父・九萬一《くまいち》の手ほどきにより、アルフレッド・ド・ミュッセやポール・ヴェルレーヌなどフランス近代詩を読み始めるのである。

「明治四十五年、ぼくは二十歳だった。それがいったいどのような年であったか誰にも語らせまい」……ポール・ニザンを思わせる一行から始まる矢作俊彦の『悲劇週間』は、堀口父子のメキシコ時代を大學の一人称で語る長篇小説だ。舞台となる一九一一年秋から一三年春までの一年半といえば、その後二〇年まで続くメキシコ革命の勃興期である。長期独裁政権を転覆したフランシスコ・マデロが一一年五月に大統領となるものの、国内は治まらず、一三年二月には膝元のメキシコ市で保守派が蜂起する。その際、暴動の鎮圧に出動したはずのビクトリアーノ・ウエルタ将軍がクーデターを起こして国民宮殿を急襲、捕縛されたマデロ大統領と側近が刑務所への移送中に射殺されるという悲劇が、二月九日からの二週間に怒濤の勢いで進行するのだ。このあと事態は、ウエルタを倒した革命連合軍が分裂し、内戦が延々と長引くことになるのだが、それはさておき、堀口父子のメキシコはマデロの執政時代とほぼ重なっている。マデロの政治手腕については批判も多く、『悲劇週間』では善人に描かれすぎと思わないでもないが、日本公使としてマデロ一族と親交のあった堀口父子からすれば、まがりなりにも法治国家を築こうとした人物ということになるのだろう。

ましてて大學は、マデロの姪フエセラに恋しているのだから、同情も無理はない。しかしこのフエセラという娘、ここでは女が自由に振る舞えるのは結婚前の一時期だけなの、と言い放ち、複数の求愛者を侍らせている。奔放かと思うと醒めていて、なかなか手強い恋人だ。悲劇の二週間ののち、フエセラはアメリカに逃れ、大學は父の次なる任地先がスペインに決まってヨーロッパへ渡り、二人は二度と会うことはないのだが、小説の最後で、大學は人づてにフエセラの真実を知ることになる。勝ち気なフエセラがときに見せる憂愁のわけが、歳月を隔てて明かされるのだ。

革命に反革命に、なんと多くの血が流されたことか。そして、直接の支配ではないにせよ、そこに隠然と及ぶアメリカの力。非情な国際政治が舞台の『悲劇週間』だからこそ、父子の挿話に救われる。たとえば父が、筆を折ったアルチュール・ランボーを引きあいに、詩から実業へという道を説いて大學を辟易させる場面もあるが、決して頭ごなしという感じではない。公人の父は、私人、それも閑人としてしか生きられない息子の詩人気質を、あんがい尊重している。『悲劇週間』は、フエセラと大學との恋が主題ではあろうが、読み終えて印象に残るのは、九萬一と大學の関係だ。たとえばここに、九萬一より五歳年少の鈴木大拙をおいてみるなら、息子アラン（実子とも養子とも言われる）にとって、大拙は決して良き父親ではなかった。アランの過酷な人生行路を知ると、父の存在が息子を圧しつぶしてしまう悲劇を見る思いがする。それに比べて九萬一は大學にとって懐の深い庇護者であり、大學は九萬一との関係から大きな恩恵を受けていたと言えるだろう。のちに『月下の一群』として実を結ぶフランス近代詩翻訳の話に戻ると、メキシコを去って半年、ベルギー滞在中にレミ・ド・グウルモンに傾倒した大學は、「どうです、ぼくの新発見は」と得意げにグウルモンの詩集を試訳稿付きでマドリードの父に贈る。すると献じられた父は「しからば余も一筆」とばかり、詩集中から二篇を漢詩に訳してみせるのである。

しかしここに一点、父子のあいだに暗い影を落としているのが、京城での閔妃暗殺である。一八九五年十月八日のこの事件について、本稿冒頭ではひとまず「関与を問われて投獄」と書いたが、九萬一の関与は知れば知るほど深く重い。一国の王妃が殺害された事態の歴史的意味を、一九世紀末の極東の政治情勢を掘り下げつつ解き明かす名著、角田房子『閔妃暗殺——朝鮮王朝末期の国母』には、領事館補の九萬一が直接の上司である内田定槌《さだつち》領事を出し抜いて、三浦梧楼《ごろう》公使首謀の暗殺計画に馳せ参じ、当日は王宮侵入の方略を担っていたことが、さまざまな証拠のもとに描き出されている。さらに角田は、九萬一が事件後には三浦公使らと口裏を合わせて日本側の指揮を隠蔽する証言をし、そののち一九三〇年代に執筆した事件を回顧する随筆でも、この口裏合わせに沿う叙述を繰り返していることを指摘している。

『悲劇週間』では、大學が少しずつ事件の真相を知ることとなる経過も語られてはいる。マデロ支持者の豪邸で催されたパーティで、アメリカの新聞王ウィリアム・ハーストが閔妃斬殺の蛮行ぶりを話題にした折に、父が見せた怒り。日本公使館に出入りする陸軍武官の海江田大佐から聞かされた事件の背景と当夜の詳しい状況。それらのことから大學も、父を含む日本側の関係者が全員無罪となった裁判に疑念を抱かざるをえなくなる。

だが『悲劇週間』の大學は二十歳。自分を、まだ人生に乗り出していない青二才と見なして、歴史に対する態度を保留しているところがある。疑念は抱くが結論は出さない、父と直接にそのことを話そうとはしない、という態度だ。国家を背負っての政治や外交に忌避感を覚え、小説終盤で「ぼくのお国は詩の中にある」と呟く大學がそこにいる。

ナイーヴな文学青年が目の前の恋と革命を一人称で語るみずみずしさと臨場感が『悲劇週間』の魅力だが、一方で私たち読者は当然のことながら、小説内の一九一〇年代とはちがった歴史認識から閔妃暗殺を眺めることとなる。先に触れた角田の著書には、九萬一と大學の父子関係に関しても、再考を促すような出来事が記されていた。一九八六年、角田は山本健吉から、堀口家には閔妃暗殺当時の九萬一の日記があり、自分はかつて大學に見せてくれるよう頼んだのだが、あれは我が家の恥だからと断られた、と聞かされる。大學はすでに八一年に死去しており、角田は大學の娘、高橋すみれ子に日記の閲読を願い出る。日記の存在を知っていた高橋は快諾して捜索に当たったのだが、その結果「日記は見つからなかった、堀口大學が焼却したと思うほかない」とのこと。角田はこう述べている。

日記を焼いたのが九万一自身ではなく、息子の大學であったことに、私は改めて時代の流れを感じた。晩年の九万一がもし閔妃事件に深い悔いを残していたら、あの随筆は書かなかったであろうし、日記も自分の手で焼きすてたかもしれない。しかし明治以前に生まれた彼は、日記を残したまま世を去った。

大學は父への敬愛ゆえに、国粋主義の立場から閔妃暗殺に加わりそれを悔いずに生きた父の過去を、葬ることにしたのだろうか。世の中には、遺族によって処分される歴史資料がおそらく厖大にあるにちがいない。息子や娘の代では〈恥〉と思われて隠されるそれらの文書も、距離が取れる孫や曾孫の世代まで伝われば、別の見方のもとに光が当てられることもあるはず……。残念なことに、紙の時代の記録は失われれば二度と戻らないのである。

〈追記〉

二〇二一年十一月十六日の朝日新聞に「閔妃暗殺　外交官が明かす書」という記事が出た。堀口九萬一が、同郷で親友の漢学者・武石貞松にあてた八通の手紙が古物市場で見つかり、そのうち一通は閔妃暗殺の翌日、一八九五年十月九日の日付で、「漸く奥御殿に達し、王妃を弑《しい》し申候」などと殺害当日の日本側の行動が、本人の役割を含め詳しく記されているという。外交文書などを読み解き『朝鮮王妃殺害と日本人――誰が仕組んで、誰が実行したのか』を著した金文子《キムムンジャ》氏も「不明な点が多い事件の細部を解き明かす鍵となる、価値の高い資料」と述べている。見出された書簡が、日記の亡失をわずかにでも補ってくれることを願いつつ、全文の公開を待ちたい。

回想が照らし出す文豪の心性

――小谷野敦『谷崎潤一郎伝――堂々たる人生』

――高木治江『谷崎家の思い出』

――伊吹和子『われよりほかに――谷崎潤一郎　最後の十二年』

副題の「堂々たる人生」がすべてを物語る評伝だ。作品や書簡、これまでに書かれた伝記や研究書を渉猟して、小谷野敦は「傑出した〈生〉の作家」谷崎潤一郎の生涯を織り上げている。まず「家長としての谷崎」に着目し、実の弟妹から配偶者の親戚縁者まで、大所帯を筆一本で支えていた文豪の奮闘ぶりが描かれる。秘書、女中などあまたさぶらひ、傍目には六条院とも映る神戸・岡本の家や住吉川沿いの倚松庵での暮らしも、谷崎が遅筆に苦しみつつ雑誌連載を抱え、『源氏物語』の全訳に取り組んで維持してきたもの。本書で初めて、昭和初期にはすでに谷崎の原稿料が、志賀直哉と並んで高額であったことを知った。

次に目を引くのは、「松子神話」の陰に追いやられた第二の妻・丁未子《とみこ》への同情だ。小谷野は、大阪府立女子専門学校を出たてで人生経験の乏しい丁未子が、谷崎に振り回されることになった短い結婚生活の内幕を、当時の手紙から読み解いている。じつは今回の書評の思いがけない収穫は、丁未子をめぐる考察に導かれて、高木治江『谷崎家の思い出』を読んだこと。昭和四年からしばらく谷崎家に住みこみ、作品中の大阪弁について助手役を務めた女性が、当時の数年間を顧みた本である。谷崎にとって、作品でいえば『卍』から『武州公秘話』のころ、私生活では千代が去り丁未子と再婚しながら松子との交際も始まっている波乱の時代で、高木の回想は豪勢な食卓から着道楽、習い事、人付き合いまで、一家の日常を活写して興味が尽きない。高木は丁未子の同級生でもあり、この猪突猛進型で無防備な友人に肩入れしてはいるのだが、読後、より印象に残るのは最初の妻・千代の存在だ。

以前から私は、千代がモデルと目される『蓼喰ふ蟲』の美佐子を好ましく思ってきた。結婚当初から妻には性的に惹かれなくなっている夫と、その夫に半ばそそのかされるようにして外に恋人ができた妻の、別離を予感した空漠たる日々……十代で読み、二十代で読み、三十代で読み、年とともに感興の増す小説で、主人公夫婦の年齢を超えたいまでは、一歩が踏み出せずにいる二人がいじらしくなる。小谷野の評伝では、美佐子の恋人・阿曾は千代と再婚した佐藤春夫ではなく、谷崎家の書生だった和田六郎（のちの大坪砂男）であり、夫婦の相談役で登場する高夏が佐藤であるとの関係図が、谷崎の弟・終平の証言や瀬戸内寂聴の『つれなかりせばなかなかに――妻をめぐる文豪と詩人の恋の葛藤』、谷崎自身の手紙に拠って示されている。たしかに高夏と美佐子の会話は、いくら高夏が夫の従弟という間柄とはいえ驚くほど踏みこんだ内容であり、うちとけた口調と相まってこちらのほうがよほど夫婦らしく感じられる。

感情の流れに逆らわないたおやかな美佐子に好感を抱いていたところへ、新たに高木の本を読み、私はすっかり千代夫人の人柄に魅せられてしまった。嘘のないさっぱりした気性と温かな情を併せ持ち、小説中の美佐子より苦労人で世間が広く、愛読するのは『万葉集』。こんな人が姉や友達だったら、どんなに心強いだろう。しかしその千代でもうまくいかなかったのだから、肌が合うとか気に入るとか、いわゆる相性というものはおよそ繊細で難しい。

『谷崎家の思い出』が壮年期の記録なら晩年の面影は伊吹和子の『われよりほかに――谷崎潤一郎 最後の十二年』に詳しい。この間に戦争が挟まるわけだが、谷崎が終始醒めていたとあって、小谷野の記述も戦中についてはさらりとしている。谷崎の戦後は『細雪』の刊行で始まり『源氏物語』新訳へと続くが、伊吹の本は昭和二十八年、二十四歳の著者が口述筆記のため京都下鴨の谷崎邸を訪れた日から書き起こされ、文豪の死までの歳月が綴られている。谷崎六十六歳からの十二年間だから、老いや病魔に抗して仕事に打ちこむ姿には厳しさがあり、祝祭気分に彩られていた高木の回想とは趣を異にする。『瘋癲老人日記』執筆時の挿話ほか、谷崎の創作の源泉や人間性が冷静な筆致で捉えられた内容はもちろん、伊吹の文体にも感銘を受けた。親族や同時代の文学者など、ゆかりの人々相互の立場や距離を幾層もの敬語で書き分けて、一分の狂いもない。ここで敬語にあずからないのは、飼い猫くらいのものなのだった。

当事者の声を聴く

——奥村和一、酒井誠『私は「蟻の兵隊」だった——中国に残された日本兵』

——岡真理『棗椰子の木陰で——第三世界フェミニズムと文学の力』

——吉江真理子『島唄の奇跡——白百合が奏でる恋物語、そしてハンセン病』

一九四五年八月の敗戦後も中国山西省に残り、戦い続けた日本兵がいた。日本軍の戦力を借りて山西省の実権を握ろうと計った中国国民党の軍閥・閻錫山《えんしゃくざん》と、A級戦犯として裁かれるのを免れようとした日本軍上層部の取引により、二千六百人の日本兵が残留、四九年までの四年間に八路軍（毛沢東率いる共産党軍）との戦闘により、五百五十名の命が失われたのだ。将校クラスは「武装解除を命じたポツダム宣言に違反して残留とはどういうことか」と疑問に思っていたというが、命令には背けない。まして奥村和一《わいち》のような一兵卒は敗戦の実態も知らされず、「皇国復興のため捲土重来を期して山西省を死守する」との大義のもと、凄惨を極めた内戦に巻きこまれていった。奥村らはかたちの上では閻錫山の麾下に組み入れられていたが、本人たちは日本のために日本軍として戦っていたのである。

成立したばかりの人民中国に捕虜としてとどめおかれた残留日本兵の帰国は一九五四年、しかし故国はすでに戦争の記憶を葬ろうとしていた。彼らは四六年には現地除隊したことになっており、その後の残留や戦闘は各自が志願してやったこと、日本軍と日本政府は関知しないというのが国の態度。奥村らが原告となり国の責任を糺《ただ》した裁判は、二〇〇五年に最高裁で上告棄却、当事者の訴えは届かなかった。

しかし本書の読者は誰しも、インタヴュアー酒井誠の問いに答えてなされる奥村の証言に耳を傾け、戦争と軍隊の非人間性を胸に刻むだろう。奥村が、初年兵教育での〈刺突《しとつ》〉をはじめ、加害の事実についても語ろうとしているからだ。資料を集めるためにたびたび中国を訪れていた奥村が、日本軍から性暴力を受けた劉面煥さんと知り合い、自身の内に起きた変化を語るくだり。

劉面煥さんは家族の大切さ、人間の生き方といったものを私に教えてくれましたが、中国にたいする私の卑屈な想いをあぶりだしてくれたようにも思います。どういうことかといいますと、これまで私は「人を殺した人間だ」と思いこむあまり、中国には絶対に頭が上がらないと思ってきました。だから家のなかでも中国の悪口は絶対に言わせない、テレビで中国の悪口を言っていたらすぐに消してしまう、といった具合に専制的だったのです。ほんとうは家族みんなが中国に興味をもって「これはどういうことだ」と話し合えるようにするべきだったのに、いっさいそんなことができない家庭にしてしまっていたのです。

だから劉さんから「もう家族の方に話したら」と言われたとき、はっと目が覚めたような気がしました。中国にたいして卑屈になって詫びるだけでは何も解決できない。「人を殺した人間だ」と何百遍唱えてもそれだけではだめだ。もっと戦争そのものを知り、逃げずにそれを語り継いでいかなければならないと気づいたのです。

子供ができれば、かつて銃剣で突いて殺した中国人にも子供がいたろうと思い、家財道具を揃えては、なんで自分たちは中国ではこういうものをぶっ壊したのだろうか、と考える……そんな率直な述懐が、年齢や立場を超えて読者と奥村を出会わせるのだ。私の母方の伯父も山西省残留兵、それも五百五十名の死者の一人だ。復員を待っていた祖母は「長男だから帰れたのに、なぜ(残留志願に)手を挙げたりしたのかねぇ」と嘆き、頭上で炸裂した爆弾により片腕が吹き飛んで絶命したという伯父を偲んで、街角で傷痍軍人を見かけると足元の箱にお金を投じていた。
奥村をとおしてこの問題を追った池谷薫監督の映画『蟻の兵隊』(二〇〇六)でも知られるようになった中国残留兵の存在だが、奥村が山西省での体験を語り始めたのは、帰国後数十年を経てのことだ。現代アラブ文学研究者である岡真理の『棗椰子の木陰で――第三世界フェミニズムと文学の力』には、アメリカ兵から拷問を受けたイラク人捕虜が、来日しての記者会見で、その被害を抽象的にしか語ろうとしなかった模様が出てくる。

取材の席で「アブー・グレイブでは言い知れぬ屈辱を味わった」としか語らないムザッファルさんに、「その内容を具体的に」と重ねて問う記者が一人ならずいた。記者として無理からぬ要求だと思う。けれども、もし、私がムザッファルさんだったら、被害者が私の肉親だったら、大切な友人だったら? たとえ米軍の非道さを告発するためであったとしても、彼、彼女の人間としての品位を貶める行為の数々を見知らぬ不特定多数に語って、大切な人を再度、さらしものにしたいとは思わないだろう。(「出来事の低みで」)

その場に居あわせた岡は、当事者に証言を強いる圧力を理不尽と感じている。拷問の犯罪性を証拠立てるために具体的なディテールを、というのが質問者の意図であったとしても、拷問の詳細を聞き出すことは、被害者を客体に貶め、痛めつけられた身体を二重に辱めることになりかねない。語りは強要されてはならないのだ。語り出すまでには時間と関係性が必要であり、聴く側に「言い知れぬ屈辱」の一語に込められた深淵を感じとる想像力がなければ、言葉は舌の上で凍えてしまう。

吉江真理子『島唄の奇跡——白百合が奏でる恋物語、そしてハンセン病』では、なにも言わずに死んでいった当事者の声が、書き手の想像力を介してよみがえる。敗戦後の疲弊しきった沖縄で、人々に希望を与えた石垣島白保の音楽バンド、白百合クラブ。リーダー多宇郊《たうこう》には、沖縄舞踊の名手で若者たちの憧れを一身に集める恋人がいた。誰もが認めるお似合いのカップルがなぜ結ばれなかったのか。吉江は、独身のまま逝った郊の生涯を追ううち、別離の時期に郊の妹がハンセン病で療養所に隔離されたことを知る。偏見のなか、自分一人で秘密を抱え、恋人を去らせ、妹を守ろうとした郊の孤独。吉江は十数年をかけてバンドメンバーと親交を深め、いまも人々に慕われる故人の足跡をたどり、ついには関係者の再会や和解に立ち会っている。いつの日か恋人が自分の宿命（あるいはそれを宿命と感じた自分）をわかってくれると信じた寡黙な男の声は、誠実な書き手を得て私たちに伝えられたのである。

読書日録Ⅰ

――青柳いづみこ『音楽と文学の対位法』
――斉藤綾子編『映画と身体／性』
――財部鳥子『衰耄する女詩人の日々』

二〇〇六年十一月某日

『翼のはえた指――評伝安川加壽子』『ピアニストが見たピアニスト――名演奏家の秘密とは』でピアノ演奏の奥義を言語化した青柳いづみこの最新刊は『音楽と文学の対位法』。題名どおり、音楽と文学を合わせ鏡のように立てた論考が並んでいる。「第一章　モーツァルト――カメレオンの音楽」では、冒頭にローベルト・ムージルの名短篇「トンカ」が引かれ、時代のちがう二人にどんな関係がと意表を突かれるが、読めば納得である。まばゆく反射する水面のごとくに長調と短調が入れ替わるモーツァルトの楽曲が、相対性や仮想という移ろいの相のもとに世界を捉えるムージルの視線に重ねられ、この点でモーツァルトが古典主義どころかロマン派をも飛び越えて現代の感覚へと繋がっていることが語られる。しかもピアニストならではの、奏者の生理を熟知した解説がそこここにあって引きこまれる。たとえば学生が課題曲でよく弾く「ピアノ協奏曲K四六六」フィナーレのロンド。おちゃらけて弾くことなど許されない、ひきしまった分散和音で駆けのぼる短調の主題が、感情移入の絶頂であっけらかんと平和な長調に転調し、置いて行かれそうになった弾き手がついつい硬い表現になってしまうという指摘。著者は、モーツァルトの自在な転調に、幼時からの演奏旅行で培われた、どの言葉も等価と受け取る多言語生活の反映を見ている。

本書にはこうした明察が惜しげなく語られていて、読み飛ばせない面白さだ。専門的な音楽教育を受けたE・T・A・ホフマンとレーモン・ルーセルが、音楽においては守旧派で、その文学作品のようには時代を超越していなかったという話も興味深い。となると、アカデミックな教育とはいったいなんだろうと考えてしまうが、その疑問は、ドビュッシーが「十二の練習曲」を仕上げるのに、パリ音楽院由来の伝統の軛をはねのけなければならなかったという本書最終章の結末に繋がってくる。「ドビュッシーは、死を目前にして、ようやく全的にランボーの境地に達したのだ」という強烈な一行で、青柳は筆をおいている。
ほかにも、ハイネが着目した独仏ロマン派の時差、和声法をなし崩しにして「宙ぶらりんの調整不明状態」へ向かうショパンの革新性、世紀末パリでの倒錯的なワーグナー熱とそれに感染しなかったアンドレ・ジッドの見識など、蒙を啓かれること再々で、読み終えた本は付箋だらけになってしまった。

十一月某日

『映画と身体／性』は、映画研究者として注目している斉藤綾子が編んだ論文集。斉藤ほか九人が、俳優の身体、戦争と女性表象、メロドラマと身体性、女剣劇の系譜、レズビアンの観点などを主題に、サイレント時代から今日にいたる日本映画を論じている。編者自身は、身体にフォーカスした論考は〈既存の理論的枠組みでは語り尽くせない何か〉を捉えようとする企てである、との総論「欲望し、感応する身体——横断的思考への誘い」を巻頭に載せているが、なにぶん古今の映画・表象理論を踏まえた文章であり、短い引用で斉藤のアクチュアルな問題意識を伝えることは難しい。そこでここでは二〇〇五年に出た『虹の彼方に——レズビアン・ゲイ・クィア映画を読む』から、斉藤がトッド・ヘインズについて論じた一文を引こう。

『エデンより彼方に』が素晴らしいのは、すべてが表面に表されていることだ。隠れた裏の意味などない。基本的にすべての意味は画面の中にある。観客によっては、ヘインズのストレートすぎるメッセージ性を、サークやオフュルスの洗練された曖昧さを残した微妙な演出にくらべて、あか抜けしないものと捉えるかもしれない。あるいは、サークやファスビンダーに顕著なアイロニーの不在にヘインズの無理解を見るかもしれない。その過剰に美しい色や統制の取れたセットや構図に至るまで、サークやファスビンダーの作り物らしさが観客の無防備な同一化を回避したのにくらべ、ヘインズはキャラクターの感情に観客の感情移入を強く促す。だが、まさにこの極めてストレートで過剰なほどの感情移入への誘いが、ヘインズが新たに見つけたひとつのクィア的な政治的な立場を取る戦略なのかもしれない。それまでのスタイルとは異なり、表面的にクィアらしい演出を捨て、一見して正統に徹するかのように見えるヘインズだが、映画的な官能や快楽を否定せず、「すべてを語りたい」というメロドラマ的な欲望こそに、サブ・カルチャー的な批判から一歩進んだアクティヴィズムが見いだせる。そもそも古典的ハリウッド・スタイル自体が、お涙頂戴のメロドラマ自体が、潜在的にクィアな批評力を持っているのだ、そう確信しているヘインズがいる。映画的な美しさと過剰な感情を否定せずに、攪乱を起こそうとするヘインズがいる。これはまさにクィア的な攪乱ではないか。少なくとも私にはそう見える。

引用冒頭の「すべてが表面に表されている」という評言にはっとした。言われてみれば、それは私が詩で実現したいと思ってきたことだ。すべてを表面に表しながら、それでも謎や詩らしさが残る詩。そんな書き方を探っている。

十一月某日

もしも詞華集を編む機会があれば、この人の「慈善の冬」と「中庭幻灯片」は必ず取りたいと思っている財部鳥子の新しい詩集『衰耄する女詩人の日々』が出た。〈衰耄〉を字義どおりに受け取るわけにはいかない。十四歳で満州から引き揚げてきた財部は、天府が一朝にして冥府となる混乱をくぐり、死や陵辱を日常に見聞きして、舞鶴港に降り立ったときにはすでに透徹した大人の眼差しを持っていた。半面、浮浪児同然に過ごした引き揚げの日々の絶対的自由の記憶が、詩人の血や肉のうちに独立不羈の子供を生き延びさせている。だから〈衰〉といい〈耄〉といっても、枯淡の境地どころか、命の新しい段階を愉しんでいる風情があり、それが読み手をもアナーキーな気分へと誘い出すのだ。「理想生活」という一篇の最終連。

女詩人は愛用の兵隊ベッドの上から
よなかに釣り糸をたらしている
紅鮭の遡行はいつあるのか
いつかはきっとある

波を逆立てて上ってくるものが
たとえ古い知り合いの水死人でも
とりあえず釣り上げておこうと思う
欲しいのはチリ紙と歯磨きチューブ
乾燥野菜　凍ったクジラのさえずり
コットンのパンティ数枚
電球も一ダース　買っておこう
一生スーパーへは行きたくない
電話には出ない

無造作に見えて、そのじつ動かしようのない言葉が並んでいる。漢字・ひらがな・カタカナの配分の妙、などと言ったら、言語センスの結晶のようなペンネームを持つ女詩人からは、「そんな細かいこと、考えちゃいないわよ」と笑いとばされそうだ。

読書日録 II

――目取真俊『虹の鳥』
――千野帽子『文藝ガーリッシュ――素敵な本に選ばれたくて。』
――大道珠貴『蝶か蛾か』

二〇〇六年十二月某日

先月末の沖縄県知事選挙では、基地撤去派の糸数慶子が健闘空しく敗れてしまった。今年読んだ本のうち特記したい一冊に、気鋭の日本文学研究者マイク・モラスキーの『占領の記憶／記憶の占領――戦後沖縄・日本とアメリカ』がある。戦後日本の出発点にあった敗北感や、被占領者間に生じた分断などを文学作品から問い直す論考で、対象作品の広がりと精緻な読みから多くを教えられた。著者は沖縄文学を視野に入れることで、これまで被占領を語るときに盲点となってきた、矛盾を沖縄に皺寄せしての復興という戦後史の暗部に向きあっている。

目取真俊の小説は、この暗部から決して目を逸らさない。米兵三人の少女暴行事件に揺れる一九九五年の那覇を舞台にした『虹の鳥』は、中学校で受けた凄惨なリンチをきっかけに、裏社会へと引きずりこまれてゆくカツヤが主人公だ。カツヤの上にはほしいままに暴力をふるう比嘉がいて、カツヤの下には比嘉からあずかった薬漬けの少女マユがいる。マユに売春させ、恐喝のネタ写真を比嘉に渡すのがカツヤの役目なのだ。比嘉をアメリカの、カツヤを日本の、マユを沖縄の隠喩として読み解く三浦雅士の説得的な書評が出たが、さらに恐ろしいのは、カツヤたちが沖縄からも切り捨てられていることだ。

暴行事件に抗議するデモ隊の脇を、クラクションを鳴らして通り過ぎるカツヤの車。カツヤの内心には米兵への怒りと同時に、基地撤去と犯人引き渡しを叫ぶだけで、一線を越えようとしない抗議デモへの苛立ちが渦巻いている。しかし「米兵に沖縄の少女がやられたんなら、同じようにやり返したらいい。そう考えて実行する奴が五十年の間一人もいなかったのか」という憤りも、比嘉に逆らえない自分への嫌悪で萎えてしまう。それにカツヤも基地が落とした金で育ってきたのだ。一方デモ隊は、隊列に割りこむ車を白眼視する。また、マユと同じ年頃の優等生風な少女が八万五千人の聴衆を前に訴えかける集会の中継映像を見ながら、マユや自分はどこで踏み外してしまったのかと後悔がこみ上げてくるが、それもすぐ、もう遅いという絶望に呑みこまれてしまう。

マユがアメリカ人の子供を殺す結末まで、小説はぎりぎりと軋みながら進む。カツヤとマユは車を駆ってヤンバルの森に逃げこめるのか、もちろんできるわけがない。かりに森にたどり着いたとして、マユはカツヤを殺すだろう。矛盾はそこまで煮詰まっている。

十二月某日

東京新聞夕刊にはときどき見逃せない連載物があって、もし単行本にならなかったらと思うと、切り抜かずにはいられない。過去には伊吹和子が晩年の谷崎潤一郎を回想した「文豪の日々」(『われよりほかに』として書籍化)、最近では井波律子の「中国異才列伝」(『奇人と異才の中国史』)がそうだ。千野帽子が〈お嬢さんの本棚〉にふさわしい本を紹介する『文藝ガーリッシュ』もしかり。毎回読んでいたが、書籍化のさいに津野裕子の挿絵が削られたのは残念だった。

こうした本を読む楽しみは、一に未知の作家を教えられること(水村節子『高台にある家』や丸岡明『霧』)、二に既読の作品の選に同意したり異議を唱えること(室生犀星『蜜のあはれ』には納得だが、金井美恵子は私だったら小説『噂の娘』より一篇の詩「ハンプティに語りかける言葉についての思いめぐらし」を選ぶ)、三にあがっていない本を考えることだろう。たとえば素九鬼子の『旅の重さ』。「ママ、びっくりしないで、泣かないで、落付いてね。そう、わたしは旅にでたの」と始まる書簡体小説は、プチ家出などありえようもない一九六〇年代に書かれた、グラン家出の物語。十六歳の〈わたし〉は夏休み前の期末試験を放り出し、一人親で男出入りの絶えない画家の母にも告げず、四国一周の旅に出て、なにものにも縛られない放浪の歓びを胸いっぱいに呼吸する。あるいは大原富枝の『眠る女』。『婉という女』が代表作と見なされる大原だが、私は断然、自伝的な『眠る女』を採る。第三部「娘たちの家」は、高知の女子師範学校の寄宿舎を舞台に、ホモジニアスな小世界が醸し出す集団的情動を、むせかえるほどの濃密さで描いている。

現在『文藝ガーリッシュ』は外国文学中心の第二期が連載中で、こちらは未読の作品が目白押しだ。風変わりな小品にも複数の邦訳があったりして、翻訳者の方々の慧眼に驚かされる。

十二月某日

もう一冊『文藝ガーリッシュ』に加えたいのが、大道珠貴の『ミルク』である。最近のいじめ問題をめぐる論評のなかでも、大道のコラムは出色だった。結論だけ言えば「自分一人の世界を創って生き延びよ」となるのだが、この人のしれっと醒めた文体で語ってこそ面白いのであって、要約は難しい。『ミルク』もいじめ世代と重なる十代を扱った短篇集だが、登場人物たちの、投げやりなようでいて案外しこしこと状況を受けとめてゆく日常感覚には、たしかに自分もこうだったとうなずいてしまう。

その大道の新刊『蝶か蛾か』は、これまたすっとぼけた小説で、ヒロインらしさの欠片《かけら》もない語り手は四十七歳の猿飛満々子。父親不明の成人した二人の子供や、七十代の母親と行き来しつつ、田舎町で一人暮らしをしている。子供のころは普通だったのに、出産を機に〈バカ〉になったらしく、海の家でひと夏働いたり、拾った流木を売ったりしながら世を渡っているという設定。見ようによっては『方丈記』を地でゆく生き方と言えなくもない。中学時代の担任と一度だけ寝たりもするが発展はなし。閉経を迎えて洩らす感想が「なんか、努力もせず、別の人間になったみたい」。これまで「かえってさっぱりした」という発言はあちこちで耳にしたことがあるが、この「さっぱり」には、閉経という事態を対象化しようとする意志がある。かたや「努力もせず、別の人間になったみたい」とは……大道の脱力ぶりに脱帽だ。

読書日録III

——西谷修編
『グローバル化と奈落の夢』
——セバスティアン・サルガード
『セバスティアン・サルガード写真集——人間の大地　労働』
——吉田広行
『素描、その果てしなさとともに』

二〇〇七年一月某日
フーベルト・ザウパー監督のドキュメンタリー映画『ダーウィンの悪夢』(二〇〇四)を観る。白身魚ナイルパーチの輸出により、世界経済に組みこまれたヴィクトリア湖周辺の漁民が、市場原理の敗者として切り捨てられ、ますます貧しくなってゆく、という内容は映画評ですでに知っていたが、切り身の加工工場から出た残骸のアラに群がる人々や、発泡スチロールを燃やした煙を吸ってラリッている子供たちの映像は、ほんとうに強烈だった。

タンザニアの実情や映画の撮られ方が知りたくて、西谷修編『グローバル化と奈落の夢』を読む。ザウパー監督を招き、二〇〇五年十月十四日、十五日に東京外国語大学で開かれたシンポジウムを記録した本だ。一日目の討論会で、「世界中に拡がる資本主義がとてつもなく成功していることが私の経験してきた中で一番心配されることです。資本主義がうまく作用しすぎれば、あとには焼け野原しか残らないでしょう」と話すザウパー監督。何年かその地で儲けて、次なる投資先が見つかれば、ヴィクトリア湖周辺が焼け野原になろうがかまわないと考える工場主は、グローバリズムの尖兵だが、彼とて巨大システムの一部品にすぎない。

『ダーウィンの悪夢』の特色は、収奪のシステムをナレーションで説明するのではなく、人々の訥々とした英語での語りと映像の喚起力により、現実を手探りしてゆくところにある。こうした手法については、二日目のラウンドテーブル「アフリカを問う」でも意見が交わされた。NHKのアフリカ特集番組のディレクターと若手のアフリカ研究者が加わったこの日の討議は、メディアに見るアフリカの表象、内戦や内乱と名指される事態の真相、ドキュメンタリー作品の政治性など、出席者の体験に基づく議論が興味深い。私は、フランス語圏アフリカが専門の真島一郎の発言に注目した。

真島は、『フランサフリック――アフリカを食いものにするフランス』（アフリカとフランスのトップエリートが、二〇世紀後半のポストコロニーを舞台に、緻密な政治経済システムを構築してアフリカを食い物にしてきたことを告発したフランソワ＝グザヴィエ・ヴェルシャヴの著作）を読んだコートディヴォワールの友人が、「たしかにあの本は素晴らしい。しかし素晴らしいだけに、とても悪い本だと思う」「それにあの本は白人が書いた本ではなかったか」と述べたことを例に、善意からの告発にしろ、別の場所で生きる〈白人〉から出口なしの巨大システムを見せつけられたときに、この場所で生じる反感について触れている。真島は重ねて「たとえば東京にも「二つの場所」はあって、その間には、不可視なまでに強力な境目がある」と言う。「不可視なまでに強力」とは語義矛盾にも聞こえるが、現代の分断がいかに見えにくいかということだろう。これから先、見ないふりで押し通せるはずもないのだが。

一月某日

『ダーウィンの悪夢』から、セバスティアン・サルガードの写真集を手に取った。ブラジルの露天掘り金山セーラ・ペラーダでは、泥まみれの男たちが六〇キロ近い土塊を袋に詰めて背負い、垂直に切り立った四〇〇メートルの崖を登ろうと犇めいている。足の下には後続の者の頭。ぬかるんだ斜面や丸太梯子にとりつき、頂上の選別所を目指して荒い息でよじ登ってゆく半裸の鉱夫の行列は、まさに人間の鎖だ。その数、五万人。制服の警備員が銃を携えて彼らを監視している。ある写真では警備員と鉱夫のあいだに諍いが起こり、顔をこわばらせた警備員が横抱きにした銃の筒先を、古代ローマの奴隷のような青年鉱夫に向けている。銃口をむんずとつかむ鉱夫。解説には「人夫を撃った警備員は、逆に鉱夫たちに石で殴られ死亡した」とあるが、その警備員にしても、鉱夫より安い賃金で州政府に雇われた労働者だ。血によってあがなわれた金は、宝飾品となって富裕層の胸元を飾るのか、銀行の金庫に納められるのか、いずれにせよ鉱夫や警備員たちとは別世界で消費される。王冠を飾る真珠を握りしめて海底から浮上した奴隷が、甲板で耳と鼻孔から血を噴き出して死ぬオスカー・ワイルドの「若い王」は、童話でも寓話でもない、セーラ・ペラーダの現実だ。

しかし今回改めて『人間の大地　労働』を見直すと、収録写真が撮られた一九八〇年代、サルガードはこうした大規模肉体労働が、やがては消滅するものと考えていたらしい。技術革新で姿を消すであろう悲惨な労働現場を記録しておきたい、血や汗とともにあった労働者の誇りを記憶にとどめたい、という意図が伝わってくる。たしかに地獄絵のようなセーラ・ペラーダだが、かつて大金塊が掘り出されたこともある金山で、次は我こそがというギラギラした欲望が、ここを辛くも〈人間の大地〉にしているのだろうか。

一月某日
　静謐な詩の魅力を久しぶりに味わった気がする。『素描、その果てしなさとともに』が第四詩集とはいえ、吉田広行の詩を知る人は限られているだろうから、ここでは表題作「素描、そ

『グローバル化と奈落の夢』『セバスティアン・サルガード写真集』
『素描、その果てしなさとともに』

の果てしなさとともに」の全篇を引いてみたい。

素描、その果てしなさのために
あなたを震わすいっさいの強さと弱さがやがて融けてながれる曲線になるまで
よろこびはよろこびのまま、かなしみはかなしみのまま
青。微粒子。回転する葉——
そのかたわらで
夏の朝のかたすみのために、残された白い広場のために
——新生のために
まだ書くべきすきまがあり
まだ行くべき瓦礫があるなら
たとえば朝もやのなかを導火線のようにのびてやがてひとつの雫に至りつけるように

途切れがちの息
弛緩する声をたずさえて
曲がりながら歪みながら
なにものへの痕跡でもなく

割れてゆく
水のように
とび散る光のように
無数のものたちの
混声する
ほうへ

（そして、きみはきっとやわらかくひとつの痕跡を抱こうとせよ）

どこまでも、素描のままで
その果てしなさとともに

夜の夢からは抜け出して、けれどまだ世界や時間には属さず、内側からなにかが始まろうとする夏の朝。その震えを損ねないように写しとる筆致に惹かれる。

『グローバル化と奈落の夢』『セバスティアン・サルガード写真集』
『素描、その果てしなさとともに』

舞踊家・伊藤道郎の見果てぬ夢

——NHK・BS
『夢なしにはいられない君——舞踊家・伊藤道郎の生涯』

——藤田富士男
『伊藤道郎　世界を舞う——太陽の劇場をめざして』ほか

二〇〇七年一月、NHK・BSで放映された『夢なしにはいられない君——舞踊家・伊藤道郎の生涯』は、これまであまり知られずにきた伊藤道郎《みちお》の生涯と仕事を追った見応えのあるドキュメンタリーだった。伊藤道郎も石井漠も大正時代にドイツでダンスを学んだ舞踊家だが、帰国して多くの弟子を育てた漠とはちがい、道郎の場合は欧米での活動が長かったため、日本での知名度は低い。たしかに道郎を日本洋舞界のパイオニアと呼ぶことはできないが、踊る身体一つで世界へ飛び出していったその生涯こそ、ダンスに国境がないことを示したさきがけだったのではないだろうか。

現在では道郎の名は、W・B・イェーツにインスピレーションを与えた日本人として、比較文学の文献で取り上げられることのほうが多い。『西洋の夢幻能――イェイツとパウンド』で西欧における能の受容を論じた成恵卿《ソンヘギョン》は、第一章をエズラ・パウンドと道郎の出会いから書き起こしている。ドレスデン近郊のダルクローズ学院でリトミックを学んでいた道郎が、第一次世界大戦の勃発でイギリスへ逃れたのが一九一四年。この時期、イマジズムの旗手であったパウンドの手許には、能の翻訳草稿を含むアーネスト・フェノロサの遺稿が未亡人から届いていた。遺稿の整理にあたってパウンドはイェーツや道郎に助力を乞い、その過程で、能から想を得たイェーツの舞踊劇「鷹の井戸」が書かれるのである。一六年四月、富豪キュナード夫人邸での初演時、道郎は鷹の精を舞った。この夜の上演に感銘を受けたのがT・S・エリオットという後日譚までつくので、伊藤道郎といえば「鷹の井戸」という印象が出来上がってしまったのだろう。

坪内祐三の『靖国』にも、「鷹の井戸」が出てくる。こちらは一九三九年にアメリカから一時帰国した道郎が、九段軍人会館で催した本邦の初演である。とはいえこの本では、道郎はあくまで脇役。じつは道郎の父の伊藤為吉が、九段界隈の文化史に深く関わる人物なのである。為吉は、靖国神社遊就館を建てた建築家ジョヴァンニ・ヴィンチェンツォ・カッペレッティの徒弟であった。一八七六年、西洋絵画や造形芸術を教える工部美術学校設置のため、外国人教師としてA・フォンタネージ、V・ラグーザ、カッペレッティがイタリアから招聘される。カッペレッティは旧参謀本部の設計にも腕をふるうが、やがて一八八二年にアメリカからフェノロサが来て日本の伝統の見直しという復古運動を巻き起こすと、失意のうちに日本を去らざるをえなくなる。アメリカに新天地を求めたカッペレッティがサンフランシスコで雇い入れたのが、当時、機械工学を学ぶべく渡米していた為吉だった。

伊藤為吉についての傑作評伝、村松貞治郎『やわらかいものへの視点――異端の建築家 伊藤為吉』によれば、日本に帰った為吉は、銀座に旧服部商会時計台や新橋博品館勧工場、芝愛宕館ホテルなどを建て、家庭においては道郎、熹朔《きさく》（舞台美術家）、圀夫《くにお》（演劇人の千田是也）ほか伊藤芸術家兄弟といわれる子供たちをもうけている。つまり『西洋の夢幻能』『靖国』『やわらかいものへの視点』の三冊を併せ読むと、片方にフェノロサからパウンド、イェーツ、道郎へという流れがあり、もう一方にフェノロサに追われたカッペレッティから為吉へという流れがあり、二つの流れは、一九三九年の九段軍人会館で合流するのである。この流れをたどるだけでも、日本近代のモダニズム、コスモポリタニズムの諸相が見えて面白いが、半面、舞踊家としての伊藤道郎に着目するなら、「鷹の井戸」は出発点に過ぎない。デビュー作の成功が喧伝されるあまり、その後の業績がかすんでしまったことは、日本のダンス界にとっても損失であろう。

話を一九一六年に戻すと、ロンドンで「鷹の井戸」の初演を終えた道郎は、間をおかずアメリカへ渡る。アメリカでの道郎は、初めの数年こそ日本風な振付で興行していたものの、二〇年代に入るとアルベニスやドビュッシー、サティ、スクリャービン、ストラヴィンスキーなどの曲を使い、〈舞踊詩（ダンス・ポエム）〉と名付けた小品を発表しはじめる。これらの作品については、道郎のアメリカ時代の弟子ヘレン・コールドウェルに詳しい研究書『伊藤道郎——人と芸術』があるが、写真図版も多く含まれるこの本を読むと、道郎の志向は、ジョージ・バランシンが試みた〈目で見る音楽〉に近かったのではないかと思われる。

先のNHKのドキュメンタリーでは、道郎のアメリカでの活躍が映像資料で紹介されていた。ニューヨークからロサンゼルスへと移り住んだのち、一九三〇年代にハリウッドの野外劇場でダンサー二百人を踊らせた大スペクタクルの動画は、じつにきらびやかだ。しかしこうした成功のあと、道郎の運命は暗転する。真珠湾攻撃の翌日、一九四一年十二月九日に自宅で逮捕、〈アメリカの国益を損ねるおそれのある外国人〉としてモンタナ州ミズーラ収容所に連行されるのである。先のコールドウェルの本は、真珠湾攻撃までで著者が筆をおいており、これまで収容所へと送られた事情は不明な点が多かった。今回NHKの調査班は、ワシントン国立公文書館に保管されていたFBI資料にたどりつき、道郎が逮捕まで一年以上にわたって身辺を監視され、手紙や電話からスパイの疑いを掛けられていたことをつきとめている。と同時に、当時の容疑が誤認であったことを、ドキュメンタリー内で詳細に検証してもいる。道郎はミズーラ収容所から日本の家族に当てて「日米戦うべからず」との手紙を送るが、その思いもむなしく、一九四三年に第二次捕虜交換船で日本へ送還となり、二十五年に及んだアメリカ生活に不本意な終止符が打たれるのである。

波瀾に富んだ道郎の人生を、親族の証言や写真資料を配して立体的に描き出した藤田富士男の評伝『伊藤道郎　世界を舞う――太陽の劇場をめざして』では、帰国後の道郎の活動についても詳しく知ることができる。戦時下、軍部の中国・東南アジア宣撫工作が進むなかでの「大東亜舞台芸術研究所」の設立、敗戦ののち占領下の日本に質の高いショービジネスを根付かせようと就任したアーニー・パイル劇場の芸術顧問役、東西の交流をテーマにした一九六四年東京オリンピックの演出プラン等々、道郎の前には次々と新たなヴィジョンが展《ひら》けつつあった。四年後のオリンピックへ向けて、ローマ大会の視察に赴いたのが六〇年、その翌年に道郎は脳溢血で急逝する。見果てぬ夢を追いかけた六十八年の生涯だった。

名うての不良少年だった道郎が、ひとたび踊りの魅力にとりつかれると、国境も大洋も飛び越えて新しいダンスの美を追い求めた、その灼熱の生涯。弟の千田是也によれば、道郎の逆境を苦にしない楽天性、あとさきを考えず一途に打ちこむ情熱は、晩年に永久機関の研究に熱中した父・為吉譲りとのことである。なお、NHKドキュメンタリーのタイトル「夢なしにはいられない君」は、ドイツでもアメリカでも芸術活動を共にした盟友・山田耕筰が、道郎の葬儀で読んだ弔辞から取られている。

愚行からしたたり落ちる光

――吉田修一『悪人』

国道263号線沿いの風景を描写する冒頭から、思わず身を乗り出してしまう。福岡市早良《さわら》区荒江交差点から滑り出した車は、コンビニがしだいにまばらになる郊外を抜け、白いガードレールに導かれるまま、ゆるやかな傾斜を佐賀との県境の三瀬《みつせ》峠へと上ってゆく。路面に吸いつくタイヤ。ライトが照らし出す真新しいアスファルト。フロントガラスを舐めて流れる樹影の濃淡。

全篇を通じて、車での移動を描く場面が素晴らしい。ひた走る白のスカイラインGT－Rは、行き場のない逃避行のさなかにも、恩寵の暈《かさ》に包まれているかのようだ。

逃避行。二十七歳の土木作業員は、師走の三瀬峠で二十一歳の保険外交員を殺して逃げている。道連れは二十九歳の量販店店員。殺された石橋佳乃も、一緒に逃げている馬込光代も、犯人の清水祐一とは出会い系サイトで知り合っている。そう聞けば誰しも、いっとき新聞の三面を賑わしては泡のように消えてゆく陳腐な事件と思うだろう。ところが、吉田修一の巧みな筆致で一人一人の境遇が明かされるうち、読者はそこに自分の似姿を認めざるをえなくなる。たとえば、数人の男たちと金絡みの関係を持ちつつ、遊び人の大学生との恋愛を夢見ている佳乃の焦燥。等身大の自分に我慢がならず、かといって日常を作り直すには胆力が足りない佳乃は、学生と恋仲になれさえすればすべてが変わるのに、と歯噛みしている。その佳乃に「私、あんたみたいな男と付き合うような女じゃないっちゃけん!」と罵られる祐一は、母に置き去りにされた幼い日このかた、本心を押し殺すことが習い性となり、自我の輪郭をうまく形作れなかった若者だ。生きる実感を知らないまま、漠たる繭で世間と隔てられている。祐一の繭を溶かすことになる光代も、勤め先の紳士服量販店とアパートを自転車で往復するだけの暮らしに馴染んだ地味な女だ。ちょうど一年前の正月には、元日から一人ショッピングセンターに出かけて書店やCDショップを覗き、欲しい本もCDも、行きたいところも会いたい人もない自分の虚しさに嗚咽した光代だったが、今年は祐一と二人、九州西端の使われなくなった灯台に身を潜め、徐々に狭まる警察の包囲網に怯えながら、寝袋と焚火で寒さをしのいでいる。

小説の朝日新聞連載時(二〇〇六-〇七)、気鋭の現代美術家・束芋の挿絵は、彼らの顔を正面から描くことはなかった。体の部分だったり、眼がなかったり、シルエットだったりする絵が、佳乃や祐一や光代の不安定な実存を視覚化する。社会からへこんでいる彼らには顔がない。社会という鏡に照らして自分の目鼻立ちを確かめたくても、鏡が映すのは活力に満ちた人たちで、影のような彼らは映らない。そして彼らとは、無名で暮らす大勢の私たちだ。一八五三年八月十四日、ルイーズ・コレに宛てた手紙に「ぼくの可哀相なボヴァリー夫人は、おそらくいまこの時に、フランス中の多くの村々でそれぞれに苦しみ、涙を流しているにちがいない」(工藤庸子『ボヴァリー夫人の手紙』)と記したフローベールに倣うなら、大勢の佳乃や祐一や光代は、いまこの時、それぞれに喘いでいる。だが、恋と贅沢に溺れたエンマに比べて、私たちの時代の苦しみはなんと仄暗いことだろう。

小説では、逃避行をとおして、祐一が生きる手応えをつかむ様子が描かれる。つかんだとたん断罪される祐一だが、狭い牢獄のなかにいても、彼の世界は以前より広く明るい。かりに、光代がはなから自首を勧めていたら、そうはならなかったろう。出会ったばかりの男から殺人を告白され、車を降りずに半月もの逃走を共にする光代の行動は、愚行の一語につきる。だが「私だけ置いていかんで!」と叫んだ光代の剝き出しの心が、灯台まで崖をよじ登ってきた光代の血まみれの指先が、祐一に光をもたらしたのだ。ほかに方途はなかった、と思える筋運びである。

しかし、祐一が変われたのだから、もし佳乃が生きていれば、彼女もまた変われたろうに、という思いがこみ上げる。人間のいちばんの取り柄は変われることだ、と言ったのはジャン・ジュネだったか。虚勢を張り、心ない言葉で祐一を傷つけた佳乃だが、いつかは幻想を砕かれる日がやってくる。そのとき彼女はどう変わっただろう。殺すということは、一人の人間の、変わる可能性をつぶしてしまうことだ。最終章で光代が、祐一を愛した自分には「一生をかけて、佳乃さんに謝り続ける義務があると思います」と述懐する、その言葉の重さを受けとめた。

苦の娑婆だからこそ生きている

――伊藤比呂美
『とげ抜き――新巣鴨地蔵縁起』

現代詩のトップランナーが綴る疾風怒濤の日々。まずは目次を御覧《ごろう》じろ。〈伊藤日本に帰り、絶体絶命に陥る事〉〈渡海して、桃を投げつつよもつひら坂を越える事〉〈人外の瘴気いよいよ強く、白昼地蔵に出遇う事〉〈道行きして、病者ゆやゆよんと湯田温泉に詣でる事〉〈梅雨明けず、母は断末魔に四苦八苦する事〉〈とげ抜きの信女絶望に駆られて夫を襲う事〉……いたわしや、瘴気だの病だの苦だの、不吉な漢字が並んでおります。〈伊藤〉家三世代の艱難辛苦は、真夏のある日、足の異状を訴える一本の国際電話から始まったのでございます。「あんたいつ帰ってくるんだっけ」と熊本の母。年の離れたユダヤ系英国人とカリフォルニアに暮らす〈伊藤〉は、十歳の三女あい子の手を引き空港に降り立ちます。あれよあれよという間に車椅子から寝たきりに進んでしまった母を入院させ、あい子をしばらく熊本の小学校に通わせることにして、摺り足歩行で難儀する父の独居生活をなんとかすべく奮闘するうち、カリフォルニアに残してきた夫が狭心症の手術を受けることになり、戻れば戻ったで夫とのあいだに大喧嘩が勃発。ひとたび争いとなるや、かねがね寄る年波への不安で鬱屈するインテリ夫は舌鋒鋭く切りつけてきて、防戦のあいまに再び熊本へと飛び、さらに東京へ出て巣鴨のとげ抜き地蔵にお参りし、カリフォルニアに帰宅したとたん、慣れない環境に疲れ果てた二女よき子からのSOSで北北西の大学町へと車を駆り、自身も子宮から大出血を起こすわ犬は交通事故に遭うわオカメインコは死ぬわと、東奔西走は続くのでした。女・山中鹿之助でもあるまいに、五十路にさしかかろうとする〈伊藤〉に降りかかるこの七難八苦。

「群像」連載時には、目の前の出来事を書き継いでいると思われた『とげ抜き――新巣鴨地蔵縁起』だが、その見方は半分は当たっていて半分は外れている。というのも、数年前に書かれたエセー「説経節――口ずさむおぐり」ですでに、難路遍歴を物語る『とげ抜き』の構想は、先取りされているからだ。病んで異形の餓鬼阿弥となった信徳丸や小栗判官を、乙姫や照手姫が肩に背負い土車に乗せて行脚する説経節。エセーに「男とは、すごく魅力的に見え、社会的にはたくましく有能そうに振る舞っている人たちも、本質的には餓鬼阿弥のような存在である」と綴り、餓鬼阿弥状態を男の本然と見なす詩人にとって、彼らをかき抱く照手タイプは女の原型であり、そうした男女の道行きは、病本復の目的よりも、道中そのものがなにものかなのだ。

車を引く照手姫の汗からは、いつしかエロスの蒸気が立ちのぼる。説経節への傾倒を語る同エセーからひとくだりを引こう。

道行ほど、おもしろい部分はない。

ことばのリズムにたゆたって、つぎつぎと出てくる地名や、型にはまった調子や、型にはまった感情をよりどころに、つるつると先へすすむ。知らない地名でも地名だということはわかり、すると、その地名から、おびただしい人々の暮らしが喚起されてきます。おびただしい人々の感情。おびただしい人々の生き死に。その中のひとりであるわたし。……そのうちに何かが変化していく。忘れられるものは忘れ、大切なものは残り、たしかにこれだけの距離を歩いたという時間と場所の変化があらわれる。

説経節への傾倒があり、そこに実人生での試練が重なって『とげ抜き』が生まれたと言えるだろう。伊藤照手は、餓鬼阿弥夫と餓鬼阿弥両親と餓鬼阿弥娘らを土車に乗せ、えいさらえいさら綱を引く、たらちねの母の一人として。太平洋をまたぐ往還の果てに見出される〈大切なもの〉とは、なんの根拠もなんの成算もなくとも、いまこの現在を生きているという実感であり、その実感を書いて書いて書き抜いているという手応えだ。

しかも二つ三つ四つと苦労を書き連ねているうち、詩人天稟の虚構化のエネルギーは沸騰し、受難のはずが祝祭気分さえ醸し出されてくる。登場人物の話し言葉に、一人一人の人柄と状況とがにじんで、えもいわれぬおかしみも漂いだす。しだいに幽《かそ》けくなってゆく母、大正生まれのひょうひょうとした父、理屈なら百戦錬磨の夫、感情と言動が一枚岩のあい子、踏み迷って内向するよき子。バイリンガルのあい子のおしゃべりはファニーでキュートだし、夫婦間の異文化論争はほとんど掛け合い漫才だ。

見よ、土車引くたらちねの母の膂力。雑誌連載時には、長篇詩なのかエセーなのか小説なのかと話題になった『とげ抜き——新巣鴨地蔵縁起』だが、そんなジャンル分けはどうでもいい、いまや伊藤比呂美の著作は〈伊藤比呂美の書き物〉としか呼べないなにかなのである。

小高へ
LOSE RANGE
ブロークバック・マウンテン
8月の果て
残雪
釈迢空歌集

楽園創造
趙根在写真集
世界少年少女文学全集
39
吉本隆明の帰郷
精G
ひさうちみちお
決して美談にはならない
男の介護とその心情

ダニエル・シュミットのスイス絵本

——ダニエル・シュミット、ペーター・クリスティアン・ベーナー『楽園創造——書割スイス文化史』

彼女たちは　いちばん高い峰を　おしえてもらう
世界が　もういちど　絵本のようになる
エーリヒ・ケストナー

映画監督ダニエル・シュミットに、故国スイスの近代文化史を扱ったビザールな絵本があることは、浅田彰、由良君美、四方田犬彦ほか諸氏のシュミット論やシュミットの年譜等で、ご存じの方もおいでだろう。原書が出た一九八三年当時は、麻布のスイス大使館で来館者に配っていた（!）という噂を聞いたこともあるから、お持ちの方もいらっしゃるかもしれない。たしかに本を開けば、ユングフラウ、シュタウフバッハの滝、ローヌ氷河、フィーアヴァルトシュテッター湖などアルプスの美しい風景が広がり、スイス各地の贅を凝らした名門ホテルが次から次へと登場し、ちょっと見にはスイス大使館、いやスイス観光局に置かれていてもおかしくない絵本ではある。原題は“DIE ERFINDUNG VOM PARADIES”、先の方々の言及では「楽園創造」「楽園の構想」「楽園の創案」などと呼ばれてきたこの絵本は、しかし、スイスと楽園を等号で繋ぐ内容ではない。創造というよりは捏造、つまり「楽園でっちあげ」とか「見せかけの楽園」、あるいは後述するこの本のスタイルにちなみ「書割の楽園」とでも題したい、偶像破壊の書物なのである。シュミットの眼差しは、地上の楽園たらんとした観光大国スイスをためつすがめつ眺めて、結果的に観光というもののヴァーチャリティをあぶり出している。

映画『書かれた顔』日本公開を前に来日したシュミットを銀座のホテルに訪ね、この絵本の翻訳を願い出たのが一九九六年一月のこと。しかし現実には、バブル経済が弾けた日本で、二百九十ページ全部が四色刷りの大型ヴィジュアル本を出してくれる出版社はすぐには見つかりそうもない。しかも本書の主な舞台となるのは、ゴットハルト峠の開削も、牧人兵がハプスブルクの精鋭騎士軍を打ち破ったモルガルテンの戦いも、ツヴィングリの宗教改革も、すべてが終わってしまったのちの、ヨーロッパ史から一歩も二歩も引いた近代スイス、山岳ブームを起点に観光立国へと突き進む一九世紀のスイスなのだ。版元探しに二の足を踏み、私自身も目の前の仕事に追われるうち、いつしか計画はしぼんでしまった。

そして二〇〇六年夏、咽頭癌を患っていたシュミットが故郷フリムスで永眠という訃報に触れて、そうだ本のなかにもフリムスのホテルが出てきたっけ、もしあのときかたちにしていれば〈シュミット追悼上映〉の折には映画鑑賞の一助となったのに、との後悔がこみ上げてきた。なにしろこの絵本には、形式主義者を自認するシュミットの思考と美学がなみなみと注ぎこまれているし、ほとんどのエピソードにホテルが絡むあたりにも、祖父母の経営するホテルで育ったその生い立ちが色濃く投影されているからだ。そんな思いでいたある日、本書の刊行を考える編集者が現れて、ともかく訳稿を仕上げようというところまで話は進んだのである。

先ほどから絵本と書いてきたが、五章からなるこの本は各ページが美しいばかりでなく、全体の構成そのものに大きな仕掛けがある。各章を舞台のひと幕に見立て、全体が五幕のグランドオペラ形式になっているのだ。十代のころから大のオペラ好きのシュミットだが、この本を上梓した一九八三年というと、翌年公開になる『トスカの接吻』(引退した声楽家たちの養老院生活を追ったドキュメンタリー映画)を撮りつつ、オッフェンバック『青ひげ』の舞台演出も手掛けていた時期だから、オペラ漬けの日々だったことだろう。本の表紙からして、燕尾服に蝶ネクタイの男が、手にした杖を幕に引っ掛け、舞台装置を垣間見せるという趣向。なにはともあれ、男の口上を聞いてみよう。

紳士淑女のみなさま、
ごゆるりとおくつろぎのほど、お願い申し上げます。明りが消えましたなら、みなさまにはただちに、みなさまの目を惹きつけますこと必定の、きらびやかな光景をご覧にいれま

す。みなさまは目を奪われるばかりか、驚き、戦慄し、われを忘れておしまいになることでしょう。（中略）
さて私、これからみなさまの前に私のつたなき魔術をお見せして、楽園がどのように呼び寄せられたのか、人は何を求めて楽園を訪れたのか、楽園はどんなふうにしつらえられ、人はそこでいかなる日々を過ごしたのか、果ては楽園が迎えた終焉のありさままでを、ご披露しようとするものでありますが、それについてはなにぶんすべての魔術師と同様、この試みのつづくあいだ、みなさまがお寄せくださる全幅の信頼を、頼みの綱とせざるをえません。みなさまにおかれましては、途中で席をお立ちになったりなさいませんよう。それでこそ私はみなさまを、最後には現実の地上へと、いま一度たしかにお連れすることができるのでございます。そのあとでなら、どうぞ私のことをペテン師なり、いかさま商人なり、夢想家なり、ご随意にお呼びくださいませ。ですがどうぞ、そのあとで。さて、いよいよ明りが消え、最初の幕が開きますゆえ、みなさまのまったきご寛容をこそ、乞い願いたてまつる次第でございます。

どうやら観客は彼に身をあずけることになるらしい。男の口車をタイムマシンに、ことが生じた現場に降り立って、眼前に繰り広げられる光景を、いまここで起きていることとして見よ、というわけだ。この虚実が反転する感覚は、フィクションとドキュメンタリーの境界に立ち、その境を両側から浸食するように撮ることを志向したシュミットの映画手法と地続きになっている。映画ではどのショットも色彩、構図、陰影のすべてが細部まで美しく統べられていたが、絵本のほうも、思わず目を奪われる図像が、考え抜かれたトリミングやコラージュで提示される。冒頭の第一幕第一場は、いまにもレマン湖に沈もうとする子供の小さな手。ルソーの『新エロイーズ』から、ジュリがわが子を助けようと湖に飛びこむ場面の挿絵が使われている。シュミットは、書籍や雑誌の挿絵、各種機関に保管されていた図像資料、パリのロジェ＝ヴィオレ・コレクションの写真、ロンドンのナショナル・ポートレート・ギャラリーの肖像画など、さまざまな画像を配して話を進めてゆく。通俗風景画の極みといってよい絵葉書も多用されるが、ここまで絶妙に並べられると、陳腐を突き抜けて、絵葉書が作られた時代の空気が伝わってくるようだ。

燕尾服の男は活動弁士よろしく、実況中継風に図像を説明してゆく。「湖の突堤での大騒ぎ。美しい淑女が一人、冷たい水に躍り込みます。彼女はわが子を救えるでしょうか?」という調子。男はルソーがもたらした自然崇拝について、ひとくさり語る。以下、第一幕「楽園を呼び寄せる」では、『新エロイーズ』やバイロンの『マンフレッド』が呼び起こしたアルプス賛美と、シラーの『ヴィルヘルム・テル』が謳い上げた高潔なる自由農民像により、スイスを理想化する風潮がパリの貴族のサロンに生まれ、そこで作られたイメージが、オペラやディオラマやモンブラン登頂ショーをとおして大衆化してゆく過程が語られる。

第二幕「楽園を訪れる」の主役は、スイスにやってきた第一級の文人たちだ。ベルン高地を闊歩する若き家庭教師ヘーゲルや、インターラーケンの村祭りに感動するスタール夫人や、ラインの滝を眺めてご満悦のゲーテやらの紀行文がからかい気味に引用されたあと、一九世紀にやたらと増えたイギリス人観光客と、ブリエンツの女舟子との小話が明かされる。

魅力的なブリエンツの女舟子たちのなかでも、いちばんの名花は「ラ・ベル・バトリエール（美しき女舟子）」ことエリーザベト・グロスマンでしょう。彼女はお芝居にも書かれ、ヨーロッパ中で詩歌にも謳われました。彼女は若き旅人たちの夢の女になり、サロンでは美のイデアとなります。彼女がうだつのあがらない亭主と結婚してずいぶんになるというのに、人々は彼女のことなるとなおも熱っぽく語り、美しき女舟子がすでに落ちぶれているというのに、いまなお彼女のことを夢見るのです。うわさによれば、彼女は女乞食に身を落として、グリンデルヴァルトをうろついているそうです。彼女が教会の階段に力なくうずくまっていると、往々にして、通り過ぎるイギリス人観光客の一団のなかから、こんな声があがるのです――「ごらんよ、ほら、かつてのラ・ベル・バトリエールだ、ブリエンツいちの美しき女舟子だよ」

第三幕「楽園をしつらえる」では、押し寄せる社交界の貴顕と取巻き連中を目当てに、宮殿と見紛う高級ホテルが建てられ、ホテル王セザール・リッツが采配を振り、氷河庭園や空中ケーブルやカジノなど、娯楽施設がいたれりつくせりに整えられてゆくさまが描かれる。

第四幕「楽園に逗留する」は、ホテルの泊まり客が主人公だ。惚れこんだ若い役者に『ヴィルヘルム・テル』を演じさせながら史跡を旅するバイエルン王ルートヴィヒ、馴染みの少年給仕の解雇を断固として撤回させたサラ・ベルナール、門付け歌手を冷遇したルツェルンのホテルに怒り心頭のトルストイ。偽名を使い身分を隠してするおしのびの旅は、シュミット好みの題材だろう。

第五幕「楽園を閉じる」は、シャーロック・ホームズとモリアーティ教授がもみあいつつライヒェンバッハの滝に落ちてゆく衝撃的なシーンで始まり、ジュネーヴのモンブラン埠頭で起きた皇妃エリーザベトの暗殺、第一次世界大戦の勃発と、暗雲立ちこめる楽園が描かれる。戦争は終わっても、世界は元には戻らない。サン・モーリッツに滞在していた天才ダンサー、神の道化ニジンスキーは、「これは平和ではない。ヨーロッパの戦争はつづくだろう、別の、隠されたやり方で。これは単に始まりだ」と呟いて、狂気の彼方へ去ってゆく。そしてフィナーレは、炎に包まれるグランドホテル。燃えさかる宮殿を隠すように幕を引きながら、燕尾服の男は別れを告げる。

おお、遅くなりました、そろそろお帰りのお時間でございましょう。私がみなさまを首尾よく、なにやら思いがけない感興へとお導きできていたなら、望外の幸せに存じます。いまやみなさまは、ご自由に咳払いなさって、ご存分にくさしてくださって結構です。とはいえ僭越ながら、以下の点に免じて私をお赦しくださるよう、みなさまにお願い申し上げます。ご覧のとおり、すべては書割のなかで燃え尽きてしまうのです、魔術師たちとても。

かくて湖水に始まったオペラは火炎で終わる。ざっと要約してみたが、隔靴掻痒というか、なにも言い得ていない気がする。やはりこれは徹頭徹尾、眼で見る本なのだ。

先に、シュミットの眼差しが観光のヴァーチャリティをあぶり出した、と書いた。しかし子供ではあるまいし、観光は幻影だ、楽園は書割だと叫ぶことになんの意味があろうか。シュミットの本領は、幻影を幻影と見なしつつ、それを完全に統御し、そこから思いもかけない美を引き出すところにある。たとえばシュミットがあるインタヴュー（「ダニエル・シュミットへの20の質問」）で「地中海的風景の北限で本当に魔術のような美しい場所」と語ったシルス＝マリアの風景が、第四章に登場する。シュミットはそこにニーチェの肖像をコラージュしているが、シルヴァプラーナ湖を背景にしたニーチェをじっと見つめていると、永劫回帰の思想が天啓のように降ってきた一八八一年八月の、沸き立つ光と希薄な空気がページから立ちのぼるような気さえしてくる。幻影や書割の儚い美しさを知りつくしたシュミットが手掛けたスイス絵本は、読者をそこここで白日夢へといざなう、驚異の書物なのである。

そしてスイスの風景を絵や絵本にたとえるのは、スイス人ばかりではない。冒頭に引いたケストナーの詩句は、『人生処方詩集』の一篇「ひとり者の旅」（小松太郎訳）から。一九二五年、孝行息子のケストナーが母親を連れてスイスを旅した折の詩だ。ピラトゥス山頂を仰いでいささか子供っぽく見える母を慈しむ気持ちが、〈絵本〉のひと言に凝縮されている。

調べと意味、力点の異なる二つの訳詩

——金時鐘『再訳　朝鮮詩集』

金素雲《キムソウン》が編んだ『朝鮮詩集』に、金時鐘《キムシジョン》による新しい翻訳『再訳　朝鮮詩集』が出ると知り、期待半分不安半分という気持ちで刊行を待った。七五調、文語の金素雲訳はたしかに古めかしい。北原白秋ばりの流麗な韻律が、日本語に馴染みすぎて、場合によっては原詩の内容や形式を撓めているという指摘を聞くこともある。ならば、詩にも批評にも素晴らしい仕事がある金時鐘の口語・自由律による新訳を歓迎したいところだが、そう単純に割り切れないなにかが私の内にある。というのも最初に触れた朝鮮の詩が金素雲訳の童謡で、調べの美しさを生かした翻訳に、子供ながら魅了されたからだ。「父さん　父さん　燕かや／古巣のこして　影知れず／母さん　母さん　笹蜘蛛か／糸引きのべて　影知れず／姉さん　姉さん　胡蝶かや／花を啣《くわ》えて　影知れず／渡り鳥かや　妹は／海山越えて　影知れず。」と、家族が一人ずつ姿を消してしまう「花を植えて」（『朝鮮童謡選』）など、恐ろしくも哀しい歌が忘れられない。

金素雲の師が白秋なら、金時鐘のバックボーンは、感傷を排して詩に批評精神や論理を求めた小野十三郎だ。おのずと新訳は、調べの美しさより、歴史認識を踏まえて彼我のちがいをちがいのまま提示する、原詩に忠実なものとなるだろう。しかも植民地時代に日本語教育を受けた金時鐘には、金素雲の翻訳を通して初めて自国の詩に目覚めたという、捩れた文学体験がある。この捩れを問うことを創作の原点とする金時鐘にとって、かつて心酔した金素雲の訳詩は、その日本語が美しければ美しいほど、批判の対象であるかもしれない。

というわけで、いささか構えてページを繰った。で、どうだったか。大きく異なる詩もあれば、似通っている詩もあり、全体としては散文的な意味を重んじる訳になりつつも、先達の訳業への敬意が底に流れている印象だ。印象と言わざるをえないのは、せっかくハングルの原詩がついて対訳になっているのにそれが読めないからで、これでは真の比較はなしえない。しかし嘆いていても始まらないので、ともかく一篇、近代田園詩の白眉とされる金尚鎔《キムサンヨン》の「南に窓を」を二人の訳で挙げよう。

〈金素雲訳〉

南に窓を切りませう

畑が少し
鍬で掘り
手鍬《ホミ》で草を取りませう。

雲の誘ひには乗りますまい
鳥のこゑは聴き法楽です
唐もろこしが熟れたら
食べにお出でなさい。

なぜ生きてるかつて、
さあね——。

〈金時鐘訳〉
南に窓をしつらえるとします
ひとりで耕せそうな畑を
鍬で掘り
手鍬《ホミ》では雑草を取ります。

雲が賺《すか》したとてその術《て》に乗りましょうや
鳥の唄は只《ただ》で聴きとうございます。
唐もろこしが熟れたら
共にいらして召し上がっても結構です。

なぜ生きているってですか？
そういわれても笑うしかありませんね。

林容澤《イムヨンテク》の『金素雲『朝鮮詩集』の世界——祖国喪失者の詩心』を参考に鑑賞すると、金素雲の〈聴き法楽〉より金時鐘の〈只で聴く〉ほうが、原詩の言葉をそのまま移しているようだ。しかし林も感嘆するように、恍惚感へと導く〈法楽〉の一語はぴたりと決まっている。また最後の二行の逐語訳は「なぜ生きるかと聞かれたら／笑いましょう」だそうで、金素雲の「さあね」はかなり大胆に〈笑い〉からずれている。林は、原詩が李白「山中問答」の「問余何意棲碧山／笑而不答心自閑」に拠ることが明らかだからこそ、訳者自ら李白を踏まえて半創作を試みた、という芳賀徹の説を引いている。金尚鎔が英文学者として戦争中は不遇だったことを想うと、世俗を離れて田園生活に向かう詩が、万感交々の「さあね」で結ばれるのは見事と言うほかない。

そしていま、金素雲の詩心をもっとも深く理解しているのが、金時鐘だろう。祖国も祖国の言葉も日本に呑みこまれ、消えてしまうかもしれないという危機のなかで、朝鮮文学の灯を守ろうと奮闘した金素雲の意志は、解放されたはずの祖国で済州島の四・三蜂起に身を投じ、二十歳で日本へ密航、以後日本で生きなければならなかった金時鐘の闘いに受け継がれているからだ。

また『再訳　朝鮮詩集』では、収録詩人の略歴を全面改訂し、各詩人の営為を戦後まで時間を延ばして詳しく伝えている。

再訳刊行後に「私の六十年越しの宿題が片付いた」と語った金時鐘。金素雲が生きていたら、後輩の仕事を頼もしく思い、「そうさ、元本がいいからな」と破顔したことだろう。

強い母が老いるとき

――ひさうちみちお
『精G――母と子の絆』
――佐野洋子
『シズコさん』
――ケイト・ミレット
『マザー・ミレット』

母恋い物といえば、誰でもすぐに二、三の作品が浮かぶだろう。長谷川伸『瞼の母』、谷崎潤一郎『少将滋幹の母』、一色次郎『青幻記』等々。たとえば川端康成『掌の小説』の一篇「母」はこう始まる。「今宵われ妻をめとりぬ／抱けばをみなのやはらかきことよ／わが母もをみななりしよと／涙溢れて新妻に言ひぬ／よき母になり給へよ／よき母になり給へよ／われわが母を知らざれば」。

母を慕う子の情は、心の琴線に触れる主題だからこそ、映画や歌謡曲になって人口に膾炙する。しかしここで慕われる母は、〈われわが母を知らざれば〉の母、生き別れや死別によって引き裂かれた若くやさしく幸薄い母、記憶や幻想のなかで美化された夢の母だ。もし引き裂かれることなく、ずっといっしょに暮らしていたら、それでも母は美しいだろうか。実の親子といえども、母の人格が受け容れがたい、そりが合わない、相性が悪いということもあるだろう。母親のほうだって、「いったいどこをどうまちがって、この子ったら面白みのかけらもない堅物に育っちまったんだろう。ああ嫌だ嫌だ、実の子じゃなかったら、こんな朴念仁、願い下げだね」なんて、とうに愛想を尽かしているかもしれない。なんともメンドクサイ親子の縁……しかも捩れは、母が老いることであらわになる。

コミック『精G――母と子の絆』では、母の妄想とそれに振り回される中年の息子が描かれる。中年男が母を介護する話が漫画になる日が来ようとは、誰が予測しえただろう。しかも作者は、ガロ系ニューウェーヴの旗手、ロットリングの魔術師として一時代を画した異色作家、ひさうちみちお、なのである。

妄想が出る前から、愚痴っぽく被害者意識に凝り固まった母ではあったが、引き取っていっしょに暮らし始めると、母の心の貧しさは、精Gこと西精次をたじろがせる。医者を崇めて看護師を見下す差別的心性、災害被害者への寄付を無駄と決めつける利己主義、父をあしざまに言うくせに離婚する気概はない依存体質、趣味もなく友達もいない世界の狭さ。思わず声を荒らげて母を叱りつけてしまう場面もあるが、これでへこむような相手ではない。自分ばかりが貧乏くじを引かされてきたという母の憤懣は収まらず、妄想は日々増幅してゆく。言葉で要約すれば陰々滅々たる物語だが、ひさうちみちおのグロテスク・リアリズムかつシュールな絵で描かれると、母のしぶとい俗物ぶりにある種の感嘆を禁じえない。精Gは母を現代日本人の典型とみなすが、どうしてどうして、この打たれ強さは日本人の平均値を超えている。

『シズコさん』の母子関係の難しさはまた別様だ。偉ぶって刺々しい母と、母の薄情や虚栄を見逃さない娘。ここでは、安心できるはずの家庭が、もっとも緊張を強いられる場となっている。外では社交的な母と、学校では活発な娘が、家では心を鎧って不機嫌に相対しているのだ。敗戦で中国大陸から引き揚げ、三人の子供を亡くし、四十代で未亡人となったのち、職を得て残る四人の子供を育て上げた母は、有能な実際家。しっかり者でとおっているタイプだ。しかし半面、知的障碍のある身内をネグレクトする人間でもある。娘は服に鉤裂きを作っても、舌打ちしそうな母を避けて、同級生の母親に繕ってもらう。また母のほうも、娘が絵で賞を取ろうが難関校に受かろうが、喜ばない。ありがとう、ごめんなさい、おめでとう等々の相手を思いやる言葉は、言ったほうが負けとばかり、口にされないのだ。

互いに弱みを見せまいと張り合う母娘の間柄が劇的に変わるのは、母が老いて弱者になってから。暗闘の歳月を抉るように綴った佐野洋子の文章には、親を斬った返し刀で自分自身を捌く潔さがある。普通の人がちょっとずつ狂っている家族のありようを描き出して、家族を愛せずに苦しむ多くの読者の胸に届くことだろう。

『マザー・ミレット』は、一九七〇年代初頭にフェミニズムのスターだったケイト・ミレットが、脳腫瘍の母を在宅で療養させようと奮闘する自伝的ノンフィクションだ。不安や葛藤も隠さない率直な語り口で、「強いられた新たな関係」に立ち向かう家族の姿が描かれる。進行する病状、施設入所をめぐる親族間の不一致、治療やリハビリの手続、介護者の手配など、山積する問題に疲れ果てると、ケイトの脳裏にはかつて母から受けた仕打ちがよみがえる。レズビアンとして生きるケイトを、母は精神病院に閉じこめようとしたのだ。その屈辱を忘れられないケイトだが、一方で母の心身の世話をとおして、長年のわだかまりを解くことができるのではないかとも考える。肌に触れ、背中をさすり、母と娘は信頼を寄せあうようになってゆくのである。「不思議なことに、今や私は母のたった一人の味方でもある。不屈の意思と臆病さがない交ぜになった母の性格、子どものころから憤りを感じたその専横さを、私は評価しようとしていた」というふうに。老いて病んでも淑女でありたい母のために、娘は奔走する。

和解ののちの死という救いのある結末だが、自分自身老いの入口に立ったケイトの困難は今後も続く。各国語に訳された『性の政治学』の著者が、五十六歳にして大学のポストもなく、原稿は出版されず、ささやかな印税とたまさかの講演でようやく年収一万二千ドルとは……現実は厳しい。

事実は映画のなかで生き続ける
―――土本典昭・石坂健治『ドキュメンタリーの海へ――記録映画作家・土本典昭との対話』

二〇〇三年より二年をかけて生涯と仕事を語ったインタヴュー（聞き手は共著者の石坂健治）に、写真や資料を加え構成した〈土本典昭大全〉である。

身近に貧富の差を感じながら育ち、敗戦による価値の転覆を経験し、反米感情を胸に学生運動へと身を投じ、共産党員として携わった小河内ダム破壊工作により逮捕・収監され、出所後は職業革命家として生きるつもりでいた青年が、岩波映画製作所に雇われ、思いがけず企業PR映画を撮り始める……こうした経歴からも、土本典昭がシネフィルとして映画界に入ったわけではないことがわかる。聞き手の石坂健治は、ここまでのいわばドキュメンタリスト前史の部分でも、貴重な発言を拾っている。たとえば最初の現場、八幡製鉄所に製作進行係として赴いての違和感。

あの時代［一九五〇年代］は誰もが技術的な発展とか、資本の近代化とか、そういう〝革新〟に関心を持った時代ですから、あるがままに撮れば、それがPR効果を持ちえたんです。ただ、現場で思ったのは、僕としては労働者の人間的な側面にどうしても目がいくんだけど、やはり主人公は工場であり、アメリカから買い入れた巨大な圧延設備なんです。まるで役者を撮るように機械を撮る。労働者は点景にすぎない。

この不満は、七年後の監督デビュー作『ある機関助士』（一九六三）で晴らされる。常磐線三河島事故の翌年、国鉄の安全を謳うはずのPR映画を引き受けながら、土本が作りあげたのは、過密ダイヤのもとでの過酷な労働を描き出す異色の記録映画だった。

生涯をかけた水俣との関わりは、公害病認定前の一九六五年に撮ったTVドキュメンタリー『水俣の子は生きている』に始まるが、このとき土本は患者の母親から、不用意に携えたキャメラを痛罵されている。この蹉跌を原体験に、再び水俣と向きあう『水俣——患者さんとその世界——』（一九七一）では、撮影前に時間をかけて人間関係を築き、訴訟派二十九世帯全部を撮ると伝えてからキャメラを回し始める。いまこの映画を見ると、当時十代だった胎児性患者の日常、タコ獲り名人の漁猟、株主総会でチッソ社長に詰めよる遍路姿の患者など、よくぞこの姿が残されたという映像に引きこまれるが、インタヴューでは撮影時の方法論が語られている。闘争と距離をとり記録に徹する姿勢、予想外の事態のつかみ方、しゃべってもらう段取り、技術的な工夫など、水俣シリーズを貫く映像哲学を知ってもう一度映画を観れば、感慨も新たになる。

本書では水俣以外の全作品、中野重治に対する共産党の〈反党人士〉扱いに一矢を報いた『偲ぶ・中野重治――葬儀・告別式の記録――1979年9月8日』（一九七九）や、ソ連軍撤退直後のアフガニスタンを撮った『よみがえれカレーズ』（一九八九）などについても、詳細な検討がなされている。また個別の映画を離れてのドキュメンタリー論も面白い。

撮影に特別の過誤がないかぎり、僕は「記録映画にNGはない」と言いたい。それは「果たしてNGか、この映ったものこそ本当ではないか」という自由な思考が許されなければ、飛躍とか桁はずれの発想などできないでしょう。NGこそ面白い！　とすら思います。ですから金東元やワイズマンの作品を観るときに彼らの自作に対する〝OK〟を観るのではなく、〝OK度の高さ〟を観ているのです。その作家のドキュメンタリー製作のプロセスの〝OK度〟の追求というか、こだわりというか。彼の〝OK度〟を信頼できたら、僕はその作家と共に、〝その物事〟を観たと言える！　と思います。それが果たして自作の場合、自分のOK度をどの高さに置くかが僕の闘いですと言っておきたい。

「僕には捨てる画がありません」と話す土本が目指すのは、既定のシナリオや美学で現実を切り捨てずに、撮る側と観る側双方の自由な思考を拡げる映画だ。

最後に、水俣の子供たちに向けた言葉を引こう。土本は小学校で講演し「水俣のことをうんと勉強して、世界へ行ったらミナマタを説明してあげなさい」と呼びかけている。

君たちは大きくなったら絶対に外国に行く機会がある。世界の人は日本で知っている町が五つある。東京、京都、これはもう当然。それから広島・長崎はセットで知っている。次がミナマタ。公害という言葉とペアで水俣という名前を知っている。そのときに水俣の話を思うまま話せるのはここで生まれ育った君たちなんだ。

そう、水俣を学び説明するのに、私たちには多くの映画が残されている。土本典昭は、本書のあとがき「ドキュメンタリー映画の快楽について」を絶筆に、二〇〇八年六月、肺癌で永眠した。

つくろわない文章の魅力

——島尾伸三『小高へ——父 島尾敏雄への旅』

夫婦間の相克を極限まで描いた『死の棘』は、読み手を震え上がらせる恐ろしい小説だ。光が見えてきたかと思うと元の木阿弥に戻ってしまう絶望感。まるで無限のループに囚われているような徒労感。それを言葉だけで読者に味わわせる小説の力に、これこそ文学と圧倒される。だがその一方で、うっすらと疑念もきざしてくる。そもそもこの夫はほんとうに妻の快癒を望んでいるのだろうか、夫が妻に平伏《ひれふ》すことで妻はかえって狂気の矛先を収められずにいるのではないか、という疑いだ。夫の態度は、妻をドグマの神殿の巫女に祭り上げているようにも見える。人間関係に働くそうした心理機制について、直感的には精神科医よりも鋭いはずの作家が、あえて振り回されているとしたら、そこには妻の錯乱よりも家庭の崩壊よりも、なにより作品を創り上げることを第一とする文学至上主義が潜んでいるのではないだろうか。さらに、崩壊のきっかけとなった夫の恋愛相手が、名前を剝ぎ取られ、〈あの女〉とだけ呼ばれていることにも慄然とさせられる。彼女は小説のなかで殺されたも同然だ。

大人ばかりではない、こうした環境下に置かれた子供たちの苦しみはいかばかりだろう。文学至上主義の父親と、それに錯乱で抵抗する母親……薪を火にくべるように、現実を言葉にくべる親の元で育った彼らは、逃れようもなく〈書かれた〉子供だったのだ。

ここに、とにもかくにも悪夢のような歳月をしのいで、得難い家庭を築いた、かつての〈書かれた〉子供がいる。彼は長じて写真家となり、同業の賢くやさしい妻と健やかな娘に恵まれた。これまで、家族の日常や旅先の光景を写真と文章で残すことが彼の仕事の大きな部分を占めてきたが、それが幸福の見せびらかしにならないのは、そこに、詰まるところ他者に拠るほかない幸福の儚さへの諦観があり、しかしだからこそ現在の日々を奇蹟のように見なして驚きつつ慈しむという強固な意志が、深いところに横たわっているからだ。もし意志の手綱を緩めれば、愉しい驚きは、たちまち底なしの不安に変じてしまうだろう。

『小高へ——父 島尾敏雄への旅』は、その彼、島尾伸三が父を回想した書物である。伸三はこれまでにも、父母のことを書いてきた。写真と文章で構成され、一九九五年に同時刊行された双子のような書物『季節風』と『生活』は、著者・島尾伸三の内的な自伝といえそうだ。『季節風』では、七〇年代に撮ったモンスーン地帯の写真とともに、父を顧みたこんな文章が掲げられている。

災難は目に見えるものだけではありません、心に受けた傷もまた人の一生を狂わせてしまいます。籠のトリや庭へやって来るトリを眺め「トリは自由でいいなぁ」と呟いた六十九歳の綺麗ごとづくめの男のように、抜き差しならない不幸のうちに死んでいくこと、それは自らが招いたものであったとしても、これからの子供たちに襲いかかってはならないのですが、不幸は繰り返し吹き荒れるのです。

ですます調の童話風な語り口に反して、厳しい認識が示されている。〈綺麗ごとづくめの男〉のひと言に、自分と妹マヤを母の専横から救おうとしなかった父への批判が込められていよう。島尾敏雄は一九八六年十一月、鹿児島市宇宿町の自宅書庫で蔵書の整理中に脳出血で倒れ、六十九歳で急逝している。寒い書庫での作業を命じておきながら、夫の死後はつねに喪服をまとって暮らす母を描くとなると、伸三の見方はいっそう冷ややかだ。同じく『季節風』から。

彼らは「イメージを壊さない」という口実の下、都合の悪いことは言語で常に強引にねじふせました。事実をねじ曲げ、連れ合いをいつまでも年をとらない夫に仕立て上げた女は、いつもの癇癪《かんしゃく》からうっかり彼を踏みつけて殺してしまいましたが、今も彼女はそのままねじれて南の島に、飾りの糸がブラブラ下がった黒い洋服を着てころがっているのです。

自身が家族に恵まれ、父の死後二十数年が経っているいま、『小高へ』での父への視線は、かつての『季節風』での厳しさとはちがってきている。島尾家の故郷・福島県相馬郡小高町《おだか》への旅を柱に、祖父や叔父ほか一族の物語、幼年期の記憶に残る戦後の風景、高校時代に父と出かけた沖縄旅行、父の死などを書きとめた断想を七章に編み、旅先の風景や家族の古い写真が挟まれて、たしかにそこにあった家族の時間を感じさせる内容だ。しかし母ミホへの鬱屈した感情は、二〇〇七年にミホが泉下に去ったいまも書きながら高じてくるのか、ときに、回想をつき破るような烈しさで噴き出してくる。

母への批判の背後には、妹マヤの死があるだろう。マヤは幼時にしゃべれなくなる失語の状態に陥り、母の支配に逆らえぬまま、二〇〇二年に四十二歳で他界している。妹を母から引き離せなかった後悔を「粗雑な扱いを受けた魂を思うと、心に水が溜まるのです」と吐露する兄。本書のなかでも幼いマヤが登場する場面は、そこだけぽっと灯がともったように明るんで、夢の光彩に縁取られている。

下小岩小学校へ五十五年ぶりに行ってみたことがあります。道路から中を覗いてみましたが、昭和三十年当時の記憶に繋がるものなど、何ひとつ無いと思ったのですが、校門を入った脇にアーチ型の懸垂棒があり、それは当時設置されていた位置に近く、マヤが上手にぶら下がって、向こう側へ渡って行ったのを思い出しました。三、四歳だったマヤが、懸垂棒を上手に渡って行く様子は、記憶に深く宿っていて、思い出に手を伸ばすと、優しい光を放ちながら、その身体から発散している可愛い気迫を連れて立ち現れるのです。

〈可愛い気迫〉、なんと可憐な形容だろう。小さな体を揺らして巧みに弾みをつけながら、雲梯の横棒を渡ってくる姿が目に浮かぶ。大人は、たとえ親であろうと、この〈可愛い気迫〉を踏みにじってはならない、叩きつぶしてはならない。

それにしても、不思議な文章だ。ふつう私たちは書こうとするとき、無意識にも構成を考え、事の軽重を測って文脈を作る。ところが島尾伸三にあっては、頭のなかの無定形な思念が、じかに言葉になって取り出される印象だ。「記憶以外の手掛かりを失ってしまっているので、時間や季節や固有名詞にさえいい加減な箇所が多いことを白状しなければなりません」と付された『小高へ』だが、つくろわない文章から、かえって事物や人や旅の細部が思いがけない生々しさで語りかけてくるところに魅力がある。そしてこの〈つくろわない〉感じは、彼の写真にもあてはまる。レンズという光学機器を通さずに、網膜をよぎった光景がそのまま印画紙に焼き付けられ、ひいては鑑賞者までが、じかにそれを見たと思わされる不思議。『小高へ』のカヴァーに使われた車窓の写真でも、その場に居合わせたような錯覚に誘われた。

死者に捧げられた文学

――安藤礼二『光の曼陀羅　日本文学論』

本書の前半は、虚構の力を駆使し、言葉で現実世界を相対化した表現者たちを系譜立てた評論集。埴谷雄高、稲垣足穂、武田泰淳、江戸川乱歩、南方熊楠、中井英夫が論じられている。後半は『死者の書』の解釈を核とする折口信夫論。この折口論を面白く読んだ。だがその話の前に、従来の折口像を塗り替えた衝撃の一書、二〇〇〇年刊行の富岡多恵子『釋迢空ノート』に触れておこう。

それまでも折口の同性愛は、加藤守雄や岡野弘彦ら弟子たちの回想で語られてはいた。なにしろ第一歌集『海やまのあひだ』(『釈迢空歌集』に収録)の巻頭に「かの子らや　われに知られぬ妻とりて、生きのひそけさに　わびつゝをゐむ」と、逃げ去った相手を永遠に呪縛するような一首をおいた人である。しかしこうした顕示の一方で、折口には語らぬ恋があったことを、『釋迢空ノート』は描き出している。富岡は折口の自撰年譜や歌集未収録の短歌を読み解き、死後も長らく封印されてきた恋に行きついたのだ。

始まりは折口の筆名〈釋迢空《しゃくちょうくう》〉はどこからきたか、という疑問だった。まるで法名のような雅号をめぐる考察は、年譜にわずか一箇所登場する同居人〈新佛教家、藤無染《ふじむぜん》〉の謎へと絞りこまれる。一九〇五年、國學院大學入学を機に上京した十八歳の折口は、無染のいた麹町の下宿に転がりこみ、ついで彼に従い小石川に転居している。九歳年上の無染との交際は、折口にとって初の一人旅だった五年前の大和路で始まり、國學院への進学に際しても東京での同棲が約束されていただろうというのが富岡の推論だ。ところが一年後、二人の関係は無染の帰郷と結婚で破れ、しかもそれから数年を経ずに、無染は幼子を遺し三十歳で病歿する。折口が釈迢空という名を使い始めたのは無染の死の翌年からで、かつて恋人につけてもらった法名を生涯の筆名にした、との説には説得力がある。

『光の曼陀羅』では、歌人・釈迢空の誕生ばかりでなく、学者としての折口信夫の出発にも、無染が大きく関与していたことが検証されている。安藤礼二は前著『神々の闘争　折口信夫論』でも、折口の民俗学を柳田國男の影響下におく見方はそろそろ改めるべきであると言明していたが、今回の新著では無染が身を投じた新仏教運動の思想史をたどり、また自ら探しあてた無染の文章を掲げて、柳田に出会う以前の折口が接していた知的系譜を解き明かしている。

本書に描き出された無染は、「仏耶一元論」を公然と唱え、英文の仏教研究書を参照しつつ仏陀とキリストの生涯や教えを対比する小冊子を刊行した、反逆の青年僧である。安藤によれば、参照書目から無染のスタンスが明確に見えてくるという。

それは鈴木大拙と「神智学」を結び合わせ、それを仏教の新たな理念にするということである。これは現在ならばいざ知らず、明治時代の末期に、学究的な仏教徒の内面に、このような思想が孕まれていたとは実に驚くべきことであろう。まだ十代の折口が、無染の知識とその広大なヴィジョンに心底震撼させられたのがよくわかるような気がする。

さらに安藤は、折口が柳田の勧めで沖縄へ民俗調査の旅に出る前から、無染に教えられたキリスト教異端ネストリウス派の教義をもとに、王権論の基礎を築いていたと説く。つまり、折口学の中心に据えられた〈ミコトモチとしての天皇〉――神の言葉（ミコト）を自らの内に取り込み（モチ）はじめて即位できる王――は、ネストリウス派のキリスト――御言葉《ロゴス》を女の介在なしに直接父から受肉した存在としての救世主――に重なるという見解だ。

また折口の思想と恋が小説のかたちで語られた『死者の書』の読み解きにも力がこもっている。壮大な野心と展望を抱きながら、なに一つ実現できぬまま小冊子一冊を著して死んだ無染を哀悼し、その魂の昇華を祈った文学が、古代を舞台にした『死者の書』というわけである。真っ暗な墓のなかで目覚めた死者の霊魂は願う。「おれは、その栄えてゐる世の中には、跡を貽《ノコ》して来なかつた。子を生んでくれ。おれの子を。おれの名を語り伝へる子どもを——」。なんと苛烈な呼びかけだろう。安藤は、死者と聖婚し、男としての胎内に死者を孕み、死者を生みなおして救済をとげようとする意志が、折口の性愛の本質だと断じている。たしかに晩年の折口の究極の望みは、一九四五年に硫黄島で戦死した最愛にして最後の恋人、死の直前に養子縁組で入籍した春洋《はるみ》を、生みなおして傍らによみがえらせることだったかもしれない。

人生の闘士になった心情新左翼

——ジャン＝ポール・デュボワ『フランス的人生』

パリも現代思想もファッションも映画も出てこない『フランス的人生』が、どうしてこんなに面白いのだろう。自問しつつ、先へ先へと読まずにいられない。いったいどうして？

心情新左翼、ひとまず主人公ポール・ブリックをそう呼ぼう。小説は八歳のポールが二歳年上の兄を腹膜炎で失う一九五八年九月から書き起こされる。それからの半世紀を物語るのに、シャルル・ドゴールからジャック・シラクまで歴代大統領の名が各章題に据えられているが、そのうち誰一人としてポールの鋭い舌鋒を免れえた者はいない。社会党のミッテランでさえ「マリスト修道会士の学校に通い、ヴィシー政権下の〈国民義勇軍〉のかつてのメンバーで、その経歴を通じてみずからの個人的利益のままに、軟弱化した左派と日和見主義的右派のあいだで揺れ動いてきたフランソワ・ミッテラン」というぐあい。既成政党は右も左も全部ダメなのだ。

ではポールが、不平分子として、苦虫を噛みつぶしたような渋面で生きてきたのかといえば、それはちがう。なにしろ彼の前半生は、反抗的な若者に追い風が吹く造反有理の時代だったのだから。「一九六八年にバカロレアに失敗することはありえなかった」という情況での大学進学、デモと投石、ところてん式の学位取得、バンド活動と共同生活、乱交パーティ……トゥールーズの青年は、空前絶後の自由を謳歌する。「神もなく、師もなく、収入もないけれど、現代性の最先端にしっかり結びついている」というわけだ。

しかし、ばか騒ぎは永遠には続かない。社会は秩序立てられ、若者も家族と私有財産とキャリアの形成に走り出す。客観的に見れば、心は新左翼のポールも、その流れに乗ったといえなくはない。兵役も回避できたし、父親から投資用リゾート・マンションの名義を譲られ、美人の社長令嬢を射止め、義父の出版社に採用され、スポーツ記者稼業に飽きると、企業家の妻の裏方に回って育児に専念、趣味で撮っていた樹木の写真を本にしたら大当たり。トピックを拾ってゆくと、ポールはなりゆきで富を得た幸運児とも見える。読者としては、この幸せ者、とやっかみ半分の半畳を入れたくもなろう。ところが当のポールは、行き当たりばったりの成功に馴染めず、居心地が悪くてたまらない。しかも経営者として辣腕をふるう妻とのあいだには隙間風が吹いている。「無頓着と安楽のあまり、もうどんなふうに生きていったらいいかわからない」と途方に暮れる四十四歳は、まるで孤児のようだ。

しかし、ばか騒ぎ同様、安楽もまた永遠ではなかった。妻の死から破産へと、運命はあれよあれよという間に暗転する。雄々しく立ち向かうなどという態度は、柄でもなく人《にん》でもないポールなので、どうなることやらと案じていると、なんとも危なっかしい姿勢ながら、よく持ちこたえているではないか。順境では軽んじられていたポールの愚図が、老いた母や精神を病む娘に寄り添う段になって、やさしさという徳、それも繊細で控えめな徳に転化するのである。後手に回るのは相変わらずだが、愚痴らず独りで耐え忍ぶ、粘り腰のディフェンダーだ。

ポールがどこまで持ちこたえられるのか、それは誰にもわからない。彼はときおりコウキチ・ツブラヤの幻を見る。ポールが青春を満喫していた一九六八年に、「幸吉は、もうすつかり疲れ切つてしまつて走れません」と書き残して自殺した六四年東京オリンピック銅メダリストの円谷幸吉。息子の恋人ユウコ・ツブラヤ（小説中では円谷幸吉の姪）から、マラソンランナーの短い生涯を聞き知って以来、ポールの頭のなかでは遠い国の小さな男が山野を走り続けている。双肩の重荷によろめくポールが、コウキチ・ツブラヤのように斃れてしまうのか、それともジョン・アップダイクのウサギ・シリーズの主人公ハリー・アングストロームのように「そんなに悪くない」と言い残して死んでゆくのか、先のことは誰にもわからない。

ここで冒頭の問いに戻るなら、先の見えない右往左往こそが、本書の魅力ではないだろうか。ジャン＝ポール・デュボワは、全体を見渡す鳥瞰的な視線を避け、渦中のポールに語らせることで、読者を小説世界に引き入れてゆく。見物席にいた私たちは、率直な語り口に導かれ、いつしかポールの傍らで五十男の孤独な闘いに深く共感しているのだ。本を閉じてのちも、遠い国のあの男が、こんな寂しい夕暮れにいまごろどうしているかしら、と想ってしまうほどに。

病んで聴くチェット・ベイカー

――辺見庸『美と破局　辺見庸コレクション3』

『ハノイ挽歌』『屈せざる者たち』『独航記』『永遠の不服従のために』……背表紙の書名はハードボイルド風だが、中身は非情どころかかなり熱い。クールに切って捨てるのではなく、なにもかも取りこんで渦巻く灼熱世界だ。政治、旅、セックス、食べ物、動植物、音楽、匂い、闇、現代詩……諸現象は躍動する文体で生け捕りにされている。人間への尽きせぬ興味を綴る作家は、脚も胃も眼もとびきり壮健にちがいない。

と思っていた辺見庸が、講演中に脳出血で倒れたのが二〇〇四年。重ねて癌を患った作家は、老いて病んだ身体に即して世界を眺めることに徹し、『自分自身への審問』を病床で書き上げた。そこで表明されているのは、たとえば「必死でしがみつき、まさぐることのできるような存在を拒んできたこと。この無明長夜を独りでも歩けるとわれ知らず過信してきたこと」への後悔。しかし最終的には、この人は実存を肯定する。

いまのぼくは誰かに殴られそうになっても、暴力で対抗するどころか相手の拳を避けることも走って逃げることもできない躰になってしまいました。小学生にでも突き倒されるような躰にね。（中略）この否応ない劣性の自覚は大きい。大袈裟にいえば、いままで生きていて最も大きい思想的（あるいは詩的）変化が起きているともいえます。それがどんな変化かはうまくいえませんが、多分、悪い変化ではないと思います。他者を制するということを、たとえどんな形であれ前提しなくなりましたから。制したい、制することができる、と思わないのは断然よいことのような気がします。

非力の岸辺から、辺見は再び戦争や死刑を撃つが、その発言は以前にも増して私たちを深く揺さぶる。命を慈しむ想像力が、言葉を研ぎ澄ましているので。

〈最も大きい思想的（あるいは詩的）変化〉が書かせた名文が、『美と破局』の巻頭に置かれた「甘美な極悪、愛なき神性——新たなるチェット・ベイカー」だ。「チェット・ベイカーとはいったい、だれであったか。彼はことばのまっとうな意味あいで「人間」とよばれるにふさわしい被造物であったのだろうか。とどのつまり、彼はほんとうに死んだのだろうか。いや、ほんとうに生きていたのか」という出だしから、ディープフォーカスですべてがくっきりした辺見文学の世界だ。一九五〇年代には天才トランペッターの名をほしいままにしながら、薬物に溺れ、ジャズ仲間と女たちを裏切り続けたチェット・ベイカー。ジャズから離れたら、ひとかけらの誠実さも持ち合わせない麻薬中毒者ジャンキー・チェットの投げやりな人生は、病んでなお言葉で外界への回路を開く辺見とは対照的に見える。ところが「甘美な極悪、愛なき神性」は、チェットの人生を覆い尽くした〈無為〉を受け容れて、こう結ばれるのだ。

あぶない病気になり病室でよこたわっているしかなかったとき、こころにもっとも深くしみたのは、好きなセロニアス・モンクやマイルスではなく、好きではなかったチェットの歌とトランペットであった。最期にはこれがあるよ、と思わせてくれたのだ。猛毒入りの塗布剤のような、はてしなく堕ちていく者の音楽が、痛みをなおすのでもいやすのでもなく、苦痛の所在そのものをひたすら忘れさせてくれた。くりかえすが、彼の音楽に後悔や感傷は、あるように見せかけているだけで、じつはない。〈人生に重要なことなどなにもありはしない。はじめから終わりまでただ漂うだけ……〉というかすかな示唆以外には、教えてくれるものもとくにありはしない。生きるということの本質的な無為、無目的を、呆けたような声でなぞるチェットには、ただ致死性の、語りえない哀しみがある。

こうまで言われては、チェット・ベイカーを聴かずにはいられない。まずは辺見が感動した日本公演（一九八七年六月十四日）のライヴ盤『チェット・ベイカー／イン・トーキョー』と、その半年前にオランダで録音された『ラヴ・ソング』。来日公演翌年の一九八八年五月十三日、チェットはアムステルダムのホテルで転落死するのだが、二つのアルバム、とりわけ前者では、まるで死を前にして長年の中毒症状に緩解が訪れたかのように、輝くばかりのトランペットと、虚空を震わせる歌声を聴かせている。壮絶な挿話と証言により、チェットの底なしの孤独を浮き彫りにし、自滅する天才の悲惨を語り尽くしたジェイムズ・ギャビンの評伝『終わりなき闇――チェット・ベイカーのすべて』でも、当夜の人見記念講堂のコンサートについては、収録されたTV映像をもとに、こう記されている。

ベイカーは一点の染みもないダーク・スーツに身を固め、五〇年代のころと同じように、きちんと髪をとかしつけていた。その歌声は生まれ変わったような力に溢れ、トランペットの演奏も高音から最低音まで、絹のような艶やかな音色を失うことがなかった。サム・リバースによるビバップの名曲「ベアトリース」では、まったくヘロインに冒されていない絶好調の状態でトリルや速いフレーズを吹きまくり、バックのトリオをびっくりさせたほどだった。

初夏のトーキョーの夕べは、なにもかも満ちたりたかのように、そこだけキラキラときらめいているのだった。

後者の『ラヴ・ソング』は、辺見が絶賛する「アイム・ア・フール・トゥ・ウォント・ユー」「エンジェル・アイズ」など七曲を収録。チェットのアンドロジナスな歌声は夜霧のように足元にしのび寄り、聴き手の全身をすっぽりと包んでしまう。

眼福ムラタ・コレクション

——村田喜代子『偏愛ムラタ美術館』

本屋の店先でぱっと開いたとたん目に飛びこんできたのが、ありえない構図の風景画だった。空と岩壁と緑野で画面が上下に三分割され、手前の二本の木で縦にも三分割される。画面を三分割、などと書くと、抽象画かと思われそうだが、くすんだ色調で描かれているのはお馴染みの青空と雲、岩山と滝、樹木と家々である。遠近法が狂っていて書割風なのが、かえって夢のなかの光景のように懐かしい。キャプションには〈アンドレ・ボーシャン「岩壁の村（急流）」〉とある。どこかで聞いた名前だが、初めて見る絵だ。ボーシャンだけではない、ページを繰れば、あとからあとから見たこともない絵が出てくる。おや、二〇〇九年に目黒区美術館の展覧会で目をみはった山本作兵衛の炭坑画がある。松濤美術館の没後九十年回顧展で見た村山槐多の油彩もある。扉にはオディロン・ルドンのリトグラフが……。これは立ち読みでは済まされない、穴のあくほど見ていたい『偏愛ムラタ美術館』である。

偏愛の二文字が冠されるだけあって、ムラタ美術館の所蔵品にはクセがある。まずは絵画芸術の主流ではないこと。植物図譜用のボタニカルアート、記録としての炭坑画や火山図などは、描き手自身が芸術だとは思っていない〈用途の絵〉だ。地の底の過酷な労働を子孫に伝えようとの一心で描かれた元坑夫・山本作兵衛の絵には、びっしりと説明文が書きこまれている。その数およそ一千枚、恐るべき記憶力だ。田んぼからむくむくと隆起した昭和新山を描く火山生成図もすごい。写真フィルムが手に入らなかった昭和十九年、地元の郵便局長・三松正夫はスケッチブックを携え、噴煙や溶岩や降灰を記録し続けた。あっと気づいたときには靴が焼けて大火傷を負っていた、という身を挺しての写生である。山本も三松も、若い日に一度は絵描きになりたいと望んだが断念。六十代で絵筆を握った山本は素朴、通信教育で日本画を学んだ三松は精緻、と画風にちがいはあるが、どちらの絵も自分が体験し観察したことを残らず描いておこうという気迫があって、見る者の胸にぐいっと食いこんでくる。

ボーシャンも園芸業の傍ら描き始めたが、こちらは用途の絵ではない。四十八歳でサロン・ドートンヌ展に出品して建築家ル・コルビュジエに称賛され、セルゲイ・ディアギレフ率いるロシア・バレエ団から舞台美術を任されてもいる。先に書割風と書いたが、寄ればリアル、引くと幻想、部分は日常、全体は異界という趣だ。この現実と幻想の捩れぐあい、昼間の生活に夜の夢がぬっと伸《の》してくる気配が、ムラタ館長自身の文学に似ていると言えなくもない。村田喜代子の小説は、日常の言葉による語りがいつしか読者をパラレルワールドへと誘い出す。老人たちが村にほど近い（ここが肝心だ）里山で共同体をつくって生き延びる『蕨野行』の、放埒なおかしさときたら！

　遠近法をはじめさまざまな技法が確立された絵画では、ボーシャンのように、図らずもつたなさがシュールに通じる例もある。逆に、そもそもの奇想を正確無比の技法で描き、超シュールとでもいうべき傑作となったのが、河鍋暁斎の「地獄極楽めぐり図」である。日本橋の小間物問屋の主人が早世した娘の供養に描かせたもので、少女おたつの冥土の旅が、極楽往生に至るまで、折り本仕立ての四十図に繰り広げられている。冒頭はおたつ臨終の図。嘆き悲しむ家族の背後に、迎えに来た阿弥陀如来と飛天をふわりと描き入れる筆致の、なんと典雅なことだろう。飼犬や雛人形や植木鉢など生前の愛玩物が岸辺に勢揃いして手を合わせるなか、少女が極楽へと船出する場面も、見れば見るほど依頼主の親心が伝わってきて、おもちゃの一つ一つに見入ってしまう。終盤の圧巻は極楽行きの汽車の図。絵の右下端に「明治壬申秋七月」とあるので、同年（明治五年）九月（新暦では十月）の鉄道開通よりも早い。夏ごろから品川・横浜間で仮運転が行われていたというから、いちはやく流行風物を取り入れたあんばいだ。「地獄極楽めぐり図」は静嘉堂文庫美術館の秘蔵だという。掲載画集は入手困難で、ムラタ館長も客員教授を務める大学を通じて国会図書館から借り出している。本書で片鱗を見れば、全貌が知りたくなるのは必定。一般公開される機会には、万難を排して出かけよう。

ムラタ美術館はほかにも富岡鉄斎、小林古径、野見山暁治、アントワーヌ・ブールデルなどを所蔵。「書けない小説家を奮い立たせてくれる絵」を探すムラタ館長の御眼鏡に適うのは、ふてぶてしく破天荒でとんでもない絵画なのである。

譲らない人々——十冊の本

1　椋鳩十『山窩調』
2　ルイーゼ・リンザー『波紋』
3　素九鬼子『旅の重さ』
4　大原富枝『眠る女』
5　原葵『マッカナソラトビーとんだ』
6　残雪『カッコウが鳴くあの一瞬』
7　趙根在『趙根在写真集——ハンセン病を撮り続けて』
8　柳美里『8月の果て』
9　アニー・プルー『ブロークバック・マウンテン』
10　マルグリット・デュラス『戦争ノート』

ストローブ＝ユイレの初期作品に『妥協せざる人々』（一九六五）がある。一九六〇年、経済復興に沸くドイツ。何食わぬ顔で返り咲いた元ナチスの警察署長に、ブルジョワ一家の老婦人が銃口を向けるまでの歳月を描いた映画は、はじめ『妥協せざる人々』の邦題で公開されたが、日本語としてヘンだったからか、現在DVDのタイトルはドイツ語原題（Nicht versöhnt）を直訳して『和解せず』となっている。たしかにヘンだが、〈妥協せざる〉のニュアンスはわかる。

意志して妥協しないというより、妥協しようにもしえないほどに憤りや愛や渇望を抱え、それを譲らぬ一線として歩み続ける生き方だ。

並べた十冊にはどれも、譲らない人々の哀歓が濃厚に立ちこめている。『山窩調』の一篇「山のトンビ」のおこんは、やむにやまれぬ旅立ちの衝動に駆られて、山窩の群れに別れを告げる。「風が心地よい。／それに仲間を離れた心が、彼女をなんとなくのんのんとさせる。重荷が取れて、心が風のよう。／足もまた風のよう、おこんの若い足が、軽いバネのように土を蹴る」。追ってきた若者に力ずくで犯されるが、立ち上がりざま男の額を石で一撃して、山道を走ってゆく。男の耳に届くのは、遙か谷間から流れてくるおこんのひょうひょうとした唄声だ。

世の中あ
おれのもんでよ
なんでもかんでも
おれのもんでよ
おらあ、はあ
とんびでよ
ぴろろんぴろろん
おらあ、はあ

かっぱらう

ちっぽけな振り分け荷物しか持たないおこんが、世の中あおれのもんでよ、と唄う野性の輝き。獣に襲われようと、おこんは放浪の自由を譲らない。

子供っぽさについて

――ジョルジュ・バタイユ
『文学と悪』

子供っぽさ、ドイツ語でいうキンディッシュ（kindisch）について考えている。キンディッシュ、英語のチャイルディッシュは、およそ良い意味では使わない。子供っぽい、子供じみた、おとなげない、愚かしいなど「子供じゃあるまいし」という場面で、呆れ顔で口にされる形容詞だ。

しばらく前までのドイツ文学の主流といえば、人間形成や成熟、人格の陶冶を主題にしたビルドゥングスロマン。子供や若者が大人になる話、あるいは大人になりそこねる話が、近代をとおして書き継がれてきた。そしてそこにはヨーロッパにおけるドイツの後進性が影を落としている。有形無形の圧力となっていたのは、一日も早く成長して国家の礎たる勤勉な一市民になるべし、との要請だった。

私が大人になることを最初に意識したのも、ドイツの児童文学、エーリヒ・ケストナーの『エーミールと軽わざ師』(現在の邦訳題は『エーミールと三人のふたご』)を読んでのことだ。お母さんの再婚話に悩んだすえ、新しい父親を受け容れることにしたエーミールに、お祖母さんはこう言う。「えらいよ! きょう、おまえはおとなになった! ほかの人より早くおとなになった者は、ほかの人より長くおとなでいられるのだよ」。

小学生の私が高橋健二訳でこれを読んだ一九六〇年代前半は、「もはや戦後ではない」と言われつつも、まだまだ敗戦国は貧しかったので、早く大人になることは日本の子供にとってもごく自然な目標だった。じっさい十代で働き始める若者のほうが多かったのである。

ところが六〇年代も後半になると、経済復興やベビーブーマー世代の大学進学やカウンターカルチャーの盛り上がりなどさまざまな要因が重なって、世の中はみるみるうちに「ドント・トラスト・オーヴァー・サーティ」の若者文化全盛時代に突入する。戦争を知るオーヴァー・サーティの人たちにしてみれば「世界同時革命? そういうことは社会に出てから言え!」という苦々しい思いもあっただろう。いや、デモに明け暮れる若者のほうだって、一生このままというわけにいかないことはわかっていた。

七〇年代に入って会社や学校からドロップアウトした若者の多くは、モラトリアムを潔しとしない前のめりの心性と、これまでとは違う新種の大人になろうという夢想とに急かされていたのだと思う。急かされて、というところが、あとから顧みれば子供っぽい。唐突なようだが、ここで北杜夫『マンボウ遺言状』から引く。

子供っぽいと言っても、子供にももちろん悪いところもある。だから、ドイツ語の形容詞には、キントリッヒとキンディッシュというのがあって、キントリッヒというのはよい子供。キンディッシュは悪い子供。

僕は鬱とか、並みの時はかなりキントリッヒだけど、躁病になるとキンディッシュになっちゃう。

躁状態での全能感がキンディッシュと表現されている。先のドロップアウト組には、全能感とまではいかなくても、自分を恃む気持ちがあった。そう断言できるのは、私自身が学業を放り出して、なんの準備もなく社会へ出てしまったからで、「早く大人になれば、長いこと大人でいられる」というエーミールのお祖母さんの言葉を、はきちがえていたふしがある。自己過信と短絡から下した決断によって、その後の人生の選択肢は狭まったといえるから、やはりキンディッシュであった。

準備もなくフライングしてしまう連中の子供っぽさについては、ジョルジュ・バタイユが『文学と悪』所収のカフカ論でこんなたとえ話をしている。

それというのも、無秩序を導入する者とは、自分の身の安全を保証してくれる避難所も準備せぬうちから、猟犬を解き放ち、みずから夜闇のなかに逃げ場を失って、まっさきにその犬どもの餌食になるような人間だからである。

おそらくこれは、カフカの狩りのアフォリズム「猟犬たちはまだ中庭で遊んでいる。けれど森を走りまわる獲物たちは、すでに追い詰められている」を踏まえているのだろう。バタイユのカフカ論は、カフカ文学の小児性に焦点をあてた論考で、以下はK＝〈作家の分身〉の子供っぽさを剔抉するくだりだ。

『城』のK、『審判』のジョゼフ・Kほどに子供らしく、また黙々として突飛な人間がいるだろうか。この「ふたつの作品にあらわれるまったく同一な人物」である作者の分身は、おとなしいながらも押しがつよく、計算もなく動機もなく闘争をつづけ、しかも、常軌を逸した気まぐれと盲目的な頑迷さとのために、なにもかもだめにしてしまう人間なのである。

気まぐれは自分のあてにならなさを自覚していることから、頑迷はそうした自分を恃んでいることの不安とその裏返しのカラ元気から生じている。付け加えるなら、「なにもかもだめにして」

しまいながら、そこで悔いたり懲りたりしない、したがって失敗からなにも学ばないところが、キンディッシュの真骨頂なのだ。

バタイユの論では、死を賭して小児性にとどまったカフカによって、ビルドゥングスロマンとは正反対の、新しいドイツ語文学が誕生したということになる。大筋はそのとおりだと思うのだが、小児性にとどまるというより、子供のふりをしていたのがカフカではないだろうか。よく知られた「父への手紙」にしても、大人も大人、真の大人の文章だ。ほとんど末期の眼から、自分より年若い、つまり自分より長生きするであろう父親を眺めている。

同じ『文学と悪』の冒頭におかれたエミリ・ブロンテ論でも、バタイユはキャサリンとヒースクリッフの恋の本質を「野性的な少年時、まだ社会の因襲的な礼儀作法の掟には矯められていない少年時の自由を、断念すまいとする意志」だとしている。利害の計算で成り立つ社会の外にあった至高の子供時代……ヒースの荒野に象徴される野性的な幼年期に帰ろうとする衝動こそが、世界文学史上もっとも苛烈な二人の恋だというわけだ。もちろんそうした衝動は、現世では果たしえないのだが。

社会の外にある至高の子供時代ということでは、小川未明がもっとやさしい言葉で語っている。

何処に住む人間でも、たとえば奥山に住む人も、都会に住む人も、北の方に住む人も、南のはてに住む人も、人間としての苦しみは同じであり、欲望や、楽しみを楽しみとする心は同じであります。
この空間と、時間の観念に支配されず、貧富の差別によって、階級などの考えを全く頭に持たないものは子供であります。其処にはただ暗い夜と明るい昼と、悲しいことと楽しいことしかありません。

（「童話の詩的価値」）

さらに未明は「この子供の心境を思想上の故郷とし、子供の信仰と裁断と、観念の上に人生の哲学を置いて書かれたものは私達の求める「童話」であります」と綴る。エセーのタイトル「童話の詩的価値」と重ね合わせるなら、ここには、人生の真実は子供の世界に源をもち、そのことを詩的に表現するのが童話である、との文学観が表されていよう。バタイユも『嵐が丘』の恋人たちが求めた野性の生を、詩になぞらえて「このふたりの子供は、いずれも、この詩に対して心をとざすまいとしたのである」と書いている。

ではキントリッヒとキンディッシュ、子供の子供らしさと大人の子供っぽさはどんな関係にあるのか。どちらも、理性やそれに基づく社会生活の規範に掣肘されない、感覚だいいちで自由本位の考え方や態度であることは変わらない。がんぜなくあどけない子供でなら許される、いやそれどころか純真・無邪気・天真爛漫と目を細められもする態度や振る舞いが、道理をわきまえてしかるべき社会内存在たる大人の場合は、節操がない・不埒・ふとどきなど軽蔑と非難の的となる。やはり社会の内か外かのちがいなのだ。そしてキンディッシュな本人もそこらへんのことはわかっているので、社会へ向けてあらかじめ自分の欲するところに小賢しい理屈をつけたりして、いよいよキンディッシュの上塗りとなり、墓穴を掘ってしまうのである。思うにキンディッシュな人というのは、子供のままなのではなくて、逆に子供であることを嫌って大人になることを急ぎ、途中までは早熟だったのに息切れして失速し、大人になりそこねてしまった場合が多いのではないだろうか。失速した地点に帰ってやりなおせ、との叱責も聞こえてくるが、『嵐が丘』の二人が生前には子供時代を取り戻せなかったように、それは無理、不可能だ。非難を浴びつつ、死ぬまでキンディッシュを貫くほかないというか……。

最後にもういちどバタイユのカフカ論から引こう。

ところが、彼［カフカ］は、自分の主人公たちの抑制することもできない気まぐれを、子供らしさを、不安にみちた洒落《しゃらく》さを、スキャンダルをもまき起しかねない振舞を、また彼らの態度にみられるあきらかな虚偽性を、えらんだのである。

二〇一四年秋に『キンディッシュ』という詩集を上梓する。その主人公たちも、虚偽性がにおう態度で顰蹙を買うような連中なのだが、私が彼ら＝〈作者のふつつかな分身〉を「えらんだ」のである。

間にあった評伝

――石関善治郎『吉本隆明の帰郷』

前著『吉本隆明の東京』は、思想家の居住地をたどりつつ、その独特な人柄と思索と詩魂を考える試みだった。吉本亡きいま、『吉本隆明の東京』は故人の佇まいを写した底光りのする記録として、私たちの手許にある。石関善治郎による記録がなぜ大切かといえば、吉本自身が記録の人ではないからだ。物書きのなかにはメモ魔よろしく、旅行、読書、交友録など日常全般を手帖に細かく書きつける人がいる。たとえば宮本常一の日記は、デジタル機器なき時代の手書きのライフログ。ところが吉本は正反対だ。家系を遡る二度の天草旅行にしても、敗戦まで続いた富山での徴用動員にしても、記憶を核にエセーや詩に織りこまれることこそあれ、具体的な日付や事の詳細は放っておかれる。吉本が生まれる直前、祖父と父が営んでいた造船所がつぶれて、東京・月島へ流れ着いたという故郷喪失の経緯も、〈夜逃げ同然に〉と常套句が冠せられるばかりで実態はわからない。そこで石関の出番となる。『吉本隆明の帰郷』で天草に赴いた石関は、吉本家の原戸籍地を志岐・浜之町に訪ね、大正十三年当時、自分の父親が吉本一家の夜逃げを手助けしたという老人から、沖に泊めた船を目指して男たちが荷物を担いで夜の海へ入ってゆく緊迫した状況を、聞き出している。

天草での挫折を胸にたたんで慎ましく生きた父・順太郎を敬う吉本に、ふと『半生の記』の松本清張が重なった。清張の父は慎ましいどころかかなり困った道楽者なのだが、子の父に寄せる情の温かみはどこか似ている。むろん清張はそこから〈大衆の原像〉を抽象したりはしないけれど。

本書前半の〈大衆の原像〉が父なら、後半のそれは三歳年少の編集者・岩淵五郎だ。吉本主宰の雑誌「試行」の校正を引き受けていた岩淵は、一九六六年、搭乗した全日空機の羽田沖墜落で帰らぬ人となる。石関の筆は、予科練から航空隊員になって終戦を迎え、六全協で共産党を脱党、編集の職に就いて多くの著者の信認を得つつ、アナキズム運動の機関誌の実質的発行者でもあった岩淵の三十八年間の生涯を、知人の証言で詳らかにしてゆく。とりわけ戦争未亡人と家庭を築いて連れ子たちに慕われる、夫や父としての側面が鮮やかだ。本書の記述から岩淵の人柄を知った読者は、吉本による岩淵の追悼文が、敗戦間際に立山の「称名ホテル」で出会った宿主夫婦の好印象から書き起こされていることの意味を理解するだろう。吉本は、追悼文「状況への発言——ひとつの死」(吉本隆明『追悼私記』に収録)のなかで、青年期の自分に感銘をもたらした宿主夫婦の自然な佇まいを、岩淵に重ねている。家庭人としての岩淵、〈対幻想〉の担い手である岩淵に、国家に抵抗する自立の根底を見ているからだ。黙々と本分を尽くした友を、吉本は「わたしは岩淵五郎の死を〈現存するもっとも優れた大衆が死んだ〉とかくべきだろうか」と悼んでいる。

優れた大衆……それは吉本順太郎や岩淵五郎を指すばかりではない、本書のなかで彼らについて語った一人一人が、各地で戦後を持ちこたえてきた生活者である。この人々の回想は、もし石関が聞き取らなければ、航跡のように時間の海原に消えてしまっただろう。間にあってよかった。付け加えるなら、吉本の死は本書の初校戻しのあととのこと。あとがきからは、そのつどの取材報告をとおして、本書の内容が吉本隆明本人の記憶とも擦り合わされてきたことが読みとれる。二重の意味で間にあって、ほんとうによかった。

だいこんと沖縄

――久生十蘭『だいこん』

岩波「図書」二〇一三年六月号で、川崎賢子の「踊りは水木――久生十蘭のこと」を面白く読んだ。『野萩』の印象的なくだり「長唄は六三郎、踊は水木《みずき》、しみつたれたことや薄手なことはなによりきらひ。好物は、かん茂《も》のスヂと初茸のつけ焼、白魚なら生きたままを生海苔で食べる」を冒頭に置き、そのあと「好き嫌いが批評性を帯びるのは、なまなかのことではない」と始まるエセーは、水木流についての講釈から、ゆるゆると十蘭論へと移ってゆく。自作を反復しつつ改稿を重ねる十蘭の流儀を、従来の〈彫琢〉という見方ではなく、「むしろそのつどの完成を試み、変奏をよろこぶというのが近い」とするのにもうなずいたが、さらに戦中戦後の作品の社会性、政治性、思想性に光をあてる結末部にも納得。「十蘭の国際感覚や風刺精神は、戦争小説の国策協力の枠のなかでも窒息していない。戦時下の仕事と占領期の仕事との批評的な連続性を模索したという意味で、十蘭は稀有な作家のひとりである」ときて、その好例に一九四九年刊の『だいこん』が挙げられる。GHQ検閲下で言論に制限を受けながらも、十蘭ほどの作家となると、検閲コードをかいくぐるうち、かえって占領の構図を見透かす作品を書きえたという証が『だいこん』というわけだ。

その『だいこん』である。英仏派自由主義者の外交官を父に持ち、むちっと詰まった足の太さから〈だいこん〉と呼ばれるフランス育ちの十七歳（と七ヵ月）石田里子が、一九四五年八月十五日から九月二日降伏文書調印までの混乱期を手記に綴るという体裁で、敗戦前後の軍部、天皇、閣僚、アメリカの暗闘が、虚実ないまぜの臨場感あふれる筆致で描かれる。なにしろ、だいこんの人物造形が突拍子もない。リセの競争試験《コンクール》で歴史と論文に一等賞だけあって、西欧の人文学に通じており、セネカからフロイト、ジョイスまで縦横無尽な引用ぶり。ただし、言うべきことと胸に納めておくべきこととの判断を決して誤らない『キャラコさん』シリーズのヒロインの賢さとはちがって、だいこんは言いたい放題だ。鎌倉文化人のサロン〈四代目クラブ〉でも年長者にタメ口（言い忘れたが、帰国後のだいこん一家は鎌倉紅ケ谷に住んでいる）。減らず口がすぎて、ママからは「あなたはじぶんの好きなひとや、じぶんの興味のあることだとすぐ夢中になつてしまひますが、面白くないことや、嫌ひなひとだとすぐ反撥して、倦怠の感じだけで疲れてしまふんです」とお小言をいただく。放言、減らず口と書いたが、これはだいこんが未だ社会に根を持たない、いわば仮免許の未熟者だから許されることで、十蘭は若者の青くさく無責任でそれだけに核心を突く洞察を、だいこん一人称の手記というかたちで存分に活かしている。

このスーパー・セヴンティーンが、一九四五年八月には普通の日本人がとうてい察しえなかった御前会議や軍部クーデター計画の内幕を、舌鋒鋭く俎上に載せてゆくのだから、読者は目を白黒させてついてゆくほかない。だいこんとその周囲が、日本の先行きを案じつつ議論し行動する『だいこん』を、エンターテインメント哲学小説と呼んだ知人がいるが、たしかにさまざまな見解が交叉するさまは、世俗哲学の織物のようだ。複雑な織り柄の奥に、それこそ社会性、政治性、思想性がだまし絵のように見え隠れするので、どのエピソードもうかうかとは読みすごせない。題材が未曾有の敗戦から始まる〈日本を揺るがした十九日間〉だから当然といえば当然だが、十蘭の長篇のなかでもひときわ密度の高い風刺小説といえる。論じてみたいトピックは山ほどあるが、ここでは一つだけ、沖縄を見てみよう。

八月二十九日、せっかく戦争を生き延びながら、この日不慮の死をとげたパリ以来の知己・島野鸛一少佐から、旧友フレッド・ジュポン少佐への伝言を託されただいこんは、GHQが接収した横浜税関へ乗りこんでゆく。ホテル・ニューグランド近くの仏国郵船《マリチーム》事務所（この時点では進駐軍の特派員クラブになっている）で、なんとかジュポン少佐との対面を果したあと、従軍記者に囲まれただいこんが、和気藹々とした〈インタヴュウ〉の切りあげぎわに、「調印式がすみましたら、いちどダンスにお招きしたいと思つてゐます」と社交辞令を口にすると……。

ハァトのジャックがいつた。

「残念だが、われわれはダンスを許可されてゐない」

「どうして」

「われわれの部隊は、沖縄でたくさん戦死者を出してゐるので、英霊と遺族にたいして当分ダンスを遠慮することになつてゐる」

あたしはぺしやんこになつた。なにか言はうと思ふんだが、なにもいへない。髪の毛の先まで赧くなつた。

もちろんアメリカ人記者が悼むのはアメリカ兵士の戦死であって、日本人や沖縄人の死ではない。それでもだいこんが毛先まで赧くなるのは、日本人は本土の盾とされた沖縄の犠牲者を悼まないのか、との問いを聞きとるからだ。一九四五年八月二十九日に、本土の人間が沖縄地上戦の凄惨をどれほど知っていたかといえば、部分的にしか伝えられてはいなかっただろう。それを勘案するなら、十蘭はかなり強引に、あえてアメリカの側から沖縄戦に言及させ、しかも〈英霊と遺族〉という負荷のかかった言葉を使って、だいこんの、いや読者の覚醒をうながしている。

そもそもインタヴューの段は、いくつかの点で例外的だ。まず、十七歳のだいこんが主体的に事にあたる初めてのケースだということ。いわば仮免許中のだいこんが、八月二十九日夜の横浜行きについては、両親にも〈四代目クラブ〉の面々にも相談せず、一人で決断し実行している。このインタヴュー以降、だいこんのなかでなにかが変わり大人びて言動に陰翳が出てくるのだ。この変化は、九月二日の降伏文書調印式に合わせて開催された島野鶴一・天宮満寿子慰霊祭で、用意してきた弔辞を読まずに放棄するという、目立ちたがり屋のだいこんらしからぬ行動へとつながってゆく。

またインタヴューが、「なにもいへない」まま閉じられることも異例だ。この小説では、だいこんの放言にせよほかの人物の発言にせよ、その場で異論や反証がつきつけられて紛糾するのがつね。誰の見解もつぎつぎにまぜっかえされ相対化され、それが価値観の重層性を示すと同時に、絶対的な正義はないという醒めた認識を語ってもいたのだが、沖縄の場面に限っては、話はぷつりと打ち切られ、だいこんも読者も自問のただなかに放り出されてしまう。

『だいこん』が「モダン日本」に雑誌連載されていた一九四七年秋、米国による琉球諸島占領の継続を望む旨の昭和天皇の意向が、宮内府御用掛の寺崎英成をとおして、九月十九日にGHQ政治顧問ウィリアム・ジョセフ・シーボルドに伝えられている。米国公文書館に所蔵されたシーボルドの報告文書が日本で公表されたのは七九年。国策としての沖縄切り捨て、天皇の政治への介入など、論議を呼んだいわゆる〈天皇メッセージ〉の存在を、いかに十蘭といえども執筆時につかんでいたとは思わないが、それでも五一年のサンフランシスコ講和条約へ向けて、沖縄を米国施政権下へ置き去りにしようとする雰囲気のようなものは、感じていたかもしれない。

十蘭作品中の沖縄というと、『内地へよろしく』や『風流旅情記』に出てくる八重山出身の少年、カムローこと底岡《そくり》沖ン《おきん》串《くし》が忘れがたい。徴用されて食糧や弾薬を離島部隊に届ける小さな機船に乗り、バンダ海を行き来しながら「くーり、ちつぱん、甘生姜」とか「天から落《うて》たる糸満人《いとまんぐわ》、幾人《いくたい》、揃うて落《う》てたがや」とか、琉球の歌を口ずさむ河童みたいな子供だ。一九四三年に十蘭が海軍報道班員としてジャワ方面へ赴いたさいの日記『久生十蘭「従軍日記」』には、そのままカムローを思わせる少年は見出せないが、沖縄人は距離的に近い台湾や南方占領地へ派遣されることが多かったので、前線での見聞から作家が生みだした人物だろう。カムロー少年の描き方、その悲しい最期からも、十蘭が沖縄に寄せる眼差しが戦中から一貫していたことが読みとれる。

こうして沖縄だけに焦点を絞れば、三一書房版『久生十蘭全集』解説における中井英夫の『だいこん』評——「久生の天皇と日本への愛」が表白された小説、だとする解釈——は、外れているように見えるのだが、小説全体を俯瞰すると、ある条件付きでなら、当たっていると言えるかもしれない。その条件とは、十蘭が愛し肯定する天皇や日本は、〈ぺしやんこ〉になった天皇であり日本だということだ。小説の最後で日本の未来を夢想するだいこんの語りが、それを表している。

千島も、樺太も、朝鮮も、琉球も、台湾もみななくなつて、せいぜいアメリカの一州ぐらゐの大きさになつてしまつたかはりに、日本人は戦争で死ななくてもよくなり、ほかの民族を統治しようなどと柄にもないことをかんがへることもなく、狭いながらも水入らずで楽しくやつて行けることになつた。原子爆弾の洗礼を受けたのは日本だけだから、自らの体験によつて、これからの戦争は危険だと警告する役をひきうけ、世界平和を建設するための有効なアポッスルになり得る。あの方が考へてゐられるやうに、戦争放棄の新しい憲法でもできたら、咲く花は小さくとも、世界に二つとないユニークな花になるだらう。

実際には新憲法公示後に連載が始まった『だいこん』だが、小説内で新憲法の精神を先取りするような独白がなされるのは、たとえ占領者によってもたらされたものであろうと、より抑圧の少ない社会を可能にするならそれを肯定する、という十蘭の態度表明だろう。

この態度に立てば、ボードレールの詩によそえて日本にスフの外套を着せる『だいこん』のエピローグも、あながちスフに紛いものの性を表象させた冷笑とばかりは思えない。

ねがはくは日本よ、なんぢ朝の薄きスフの外套に包まれ、生ける国に恢復《かへ》るその日まで、感冒にをかされず眠りてあらんことを。

やれやれ、ぺしやんこになつちまつたんだから、毛皮やカシミアよりスフのはうがお似合ひだ、そこから出直すほかなからうよ、と呟く声が聞こえてくるようだ。

そして自力ではスフしか着られないのに、アメリカに追随してミンクをまとおうとする戦後のさもしい世相については、十蘭はまた別な小説、たとえばオキュパイド・ジャパンの留学熱を皮肉る『あめりか物語』を用意している。アメリカへアメリカへと草木も靡く大学人の世界を舞台に、余裕のある者が弱い者を蹴落として自分だけさらに優位に立とうとするさもしさを描いた小説で、ここに、アメリカ追従を梃子とする戦後の復興を十蘭がどう見ていたかが示されていよう。

『だいこん』での〈ぺしやんこ〉になった日本、スフの外套を着た日本は愛せても、〈さもしい〉日本、我先に毛皮やカシミアをまとおうとする日本は願い下げ……、〈しみつたれたことや薄手なことはなによりきらひ〉な十蘭だが、薄っぺらなスフで寒さをかこつとも、さもしさに泥《なず》みはしないのだ。

ルネの言葉

——三島由紀夫
『サド侯爵夫人』

「アルフォンス。私がこの世で逢つた一番ふしぎな人。」

『サド侯爵夫人』第三幕のルネの台詞。このあとルネは、出獄したその足で訪ねてきたドナチアン・アルフォンス・フランソワ・ド・サド侯爵に、家政婦シャルロットの口を通じて「侯爵夫人はもう決してお目にかかることはありますまい」のひと言を伝え、門前払いを食らわす。そしてルネ本人は、出所した侯爵と入れ替わるようにして、光の牢獄＝修道院へと自らを閉じこめるのである。

十九年間、良人を理解しようと思いめぐらしてきたどんな解釈も通じないほど、侯爵が創りあげた自由は無際限であり、人外の自由を前にもはや自分になしうることはなにもないと悟っての訣別だ。この幕切れ、この訣別により、ルネはサドを夫であることから解き放ち、思想としてのサディズムの始祖へ、人間を超えた一個の象徴存在へと押し上げている。

私たちは往々にして、別離に至った関係を貶《おとし》めて、あのとき出逢いさえしなければと臍をかみ、あるいは怨恨に囚われる。しかし、とことん愛の白兵戦を闘い抜いたルネには、侯爵との歳月に悔いも恨みもない。

第三幕の前半には「この世で一番自分の望まなかつたものにぶつかるとき、それこそ実は自分がわれしらず一番望んでゐたものなのです」という台詞もある。仕合わせ、ではなく、言うに言われぬ恐ろしいものこそが、思い出の名に値し、人生の核になるという述懐だ。私たちに詩を書かせるのも、こうした恐ろしい記憶でなくてなんだろうか。

別れに際してルネは、力を尽くして組み合った相手を「この世で逢つた一番ふしぎな人」と振り返る。ここにこの戯曲の、ひいては三島文学の、いや三島由紀夫その人の無垢がある。

ノマドロジストの知と気骨

——太田越知明『きだみのる——自由になるためのメソッド』

きだみのるに倣い、〈集中食〉を実践していた友人がいる。えのき茸が食べたいとなったら、汁物の実にしたり炒めたり、朝に晩に、しかも丼一杯ほど、えのき茸を連日食べ続けるのだ。するとある日、食べる前から、えのき茸の味や歯応えが舌の上によみがえるようになる。食べなくてもそのものの味や食感が浮かぶようになったら、止め時だそうだ。友人の集中食はえのき茸だの三つ葉だのピーナツバターだのと慎ましいが、本物のきだみのるとなると、たとえば生牡蠣である。きだの著書『單純生活者の手記』では、きだ本人とぴたりと重なる主人公・本田椋助が、東北周りの旅の途中、仙台を通りかかった折に牡蠣養殖場で殻付きを三貫五百匁（約一三キロ）買って車のトランクに積み、「おれの舌は美味で磨かれ、美味に倦きなければならない」と嘯《うそぶ》いて、朝も昼も晩も二ダースずつレモンを搾って食べ続けるのである。傍目や常識なんのその、飽和点まで欲望を確かめずにはいられないエピキュリアンきだの一面を物語る恰好のエピソードではあるが、これだけではただの奇人変人だろう。いったい、きだみのるとは何者なのか。

太田越知明は、きだの主著を丹念に読みこむことで、その特異な思考回路と行動をたどってゆく。『きだみのる――自由になるためのメソッド』では、一九三四年に四十歳を目前にフランス政府給費生としてパリに渡り、マルセル・モースのもとで民族学を学ぶまでの紆余曲折に富んだ前半生が語られたのち、最初の自著『モロッコ紀行』（一九四三年刊）の検討にかなりのページが割かれている。三九年に仏領モロッコを旅して書かれた『モロッコ紀行』は、植民地支配、とりわけ間接統治の実態を曇りのない眼で綴ったルポルタージュだが、砂漠で抵抗を貫くベルベル人に肩入れするくだりがある一方で、〈至尊・ミカド〉を太陽に国民を草にたとえて日本人の自発的服従を説明する一幕もあるという、問題の書だ。太田越は、左右のイデオロギーや善悪の判断を排して現象に分け入るきだの方法が、この著書ですでに確立されているとして、政治的に誤解されかねない箇所をも避けずに、現在からの読み直しを試みている。そのうえで、サハラへの旅で呼び覚まされた虚飾なき世界への志向が、帰国後のきだを山村へ向かわせたと結論して、第一部が閉じられる。

続く第二部は『気違い部落周游紀行』をはじめとする戦後の著作の読解となる。きだは戦中の一九四三年に東京八王子郊外の集落恩方《おんがた》村に疎開すると、敗戦後も廃寺に暮らして二十数冊の著訳書をものしている。五十代、六十代の二十年間を費やした考察は、戸数十四軒ほどの小さな集落内に働く力関係を観察する、いわば小集団の社会学といったもので、きだはここでの知見を敷衍して日本的共同体の法則や構造を解き明かしたいと考えていた。しかし、きだの文章に衒学臭は微塵もない。狡知に長けた村人と〈山寺の先生〉との茶飲み話が、口調もそのままに写しとられて、読み進むうち、国の法律とは相容れない内輪の掟や、集団を割らずに軋轢を回避するための利害調整法、村八分の実情などが、具体的な出来事に沿って示される。きだの文章の魅力は、その文体にひたって味わうほかないものだが、長い時間をかけてきだに向き合ってきた太田越の論考は、きだの仕事の精髄を伝えるよき案内となっている。知識ならインターネットの検索で事足れりとされがちな現代世界に、きだの体現した野性の知をぶつけようとする太田越の意図は、十分に達成されたといえよう。

しかし、これほど面白い人物となると、その私的な側面も含めて人生の全貌を知りたくなるのが人情だ。〈私〉を追うことを潔しとせず、公表された資料だけで書かれた太田越の本書はそれとして、次は詳細な評伝が読みたい。きだ自身も『道徳を否む者』、『人生逃亡者の記録』と自伝的な作品を書いてはいるが、「自分は自分にとって嫌なもの」(『單純生活者の手記』あとがき)との言葉どおり、一人称で自分を語ることになんの興味もなかった人だけに、気紛れで繰り返しが多く、不正確かつ尻切れとんぼで、わからないことだらけだ。

そう思っていたところ、二〇一六年に嵐山光三郎の『漂流怪人・きだみのる』が出て、きだの晩年を知ることができた。二十八歳の嵐山が編集者として、きだの寄宿先、元八王子の劇団新制作座文化センターを訪ねたのが一九七〇年四月、以後、取材に同行して日本各地を旅することになる。嵐山によるきだの印象は「酒飲みで、勇猛な男である。威張っていたが、その知力は緻密で不純物がない。ギリシャ語とフランス語の達人で眼光鋭く、太い背骨がまっすぐにたち、肩も胸も厚い」というもの。このときさだは七十五歳だが、九歳の長女を連れて一所不住の放浪生活を送っていた。嵐山の筆は、きだとの会話を生き生きと書きとめ、折々の振る舞いや表情を捉えてきだの人物像を浮かび上がらせている。きだが腕をふるう野趣に富んだ料理もじつに美味しそうだ。

型破りの作家にして社会学者、文壇にも学界にも無縁で、生涯、意に染まぬ仕事はしなかったし、我を折る生活も営まなかった個人主義者きだみのる。ときに「オレはきーだみのる」と名乗るきだは、知れば知るほど気になる、筋金入りのノマドロジストなのであった。

アレクサンドリアの厭世詩人

――沓掛良彦訳『ギリシア詞華集3』

　ギリシア文芸との出会いを問われれば、おおかたの人は子供時代に親しんだ神話を挙げるだろう。私の場合も、児童向けの文学全集で読んだ神話や物語が入口だった。小学校で仲良くなった同級生の家に遊びに行くと、廊下の突きあたりの本棚に、見たこともない全集が並んでいる。紙質といい装丁といい、当時普及していた講談社少年少女世界文学全集より明らかに一世代古いとわかる造りで、年の離れたお兄さんの蔵書とのこと。これが一九五〇年代に刊行された創元社世界少年少女文学全集だった。背表紙を眺めると、作品の選定が講談社版よりずっと凝っている。夢中になった私は、返しに行っては次の巻を借りてくるの繰り返しで、とうとう全六十八巻を読み通してしまった。

いま家の書棚には、古本屋で求めた創元社版の全集が揃っている。第一巻が〈古代編〉で、田中秀央・姫野誠二訳「ギリシア神話」、呉茂一訳「ホーマー物語（オデュッセイア、イーリアス）」、松村武雄訳「北欧神話」、新村出訳「イソップ物語」という陣容だ。子供のころは、太陽神の車を御しかねて墜落するパエトーンや、幻の弟を頼んでアキレウスとの一騎打ちに臨み、槍の一閃に斃れるヘクトールに涙し、運命の歯車がぎりぎりと音を立てて若者や勇士を巻きこんでゆく非情ななりゆきに、心底おののいた。また〈ここをせんどと〉とか〈やくたいもない〉などという言い回しは、「イーリアス」で覚えたものだ。〈古代編〉の栞には、呉茂一が文章を寄せている。

ギリシアが、その後だんだんと発達していった西洋文明の、元祖とも源とも呼ばれているのは、けっしてその国が大きかったとか、戦争に強かったとか、人口が多かったとか、金持ちだったとかいうためではなく、国も小さく土地もやせ、人口もそう多くなく、やたらに戦争好きでもなかったけれども、このようにりっぱな文化や、すぐれた芸術をもち、いまでも西洋の科学や哲学や文学に、大きな力を及ぼしている偉大な学者や詩人を、おおぜい生み出したからにちがいありません。

（「ギリシア神話と私たち」）

執筆時の一九五〇年代前半といえば、サンフランシスコ講和条約からまだ間もない時期で、

NHKラジオでは太平洋戦争で行方不明となった出征兵や音信が途絶えた家族を探す番組、通称〈尋ね人の時間〉が流れていた。呉茂一の文章にも、敗戦国の子供に希望を与えようとの配慮が見てとれる。一方、物語に感動した子供のほうは、訳者の先生方に直接手紙が出せるよう、田中秀央の北白川上池田町の住所や呉茂一の藤沢市辻堂の住所が栞の隅に掲げられていた。

中学に進むと、私の関心も神々や英雄から哲人たちへと移る。アリストテレスに付き従って涼しい戸外や回廊を散策しながら教えを乞うリュケイオンに憧れたのは、教師の板書をただ写すだけの授業が息苦しかったからだ。なにぶん夢見がちな年頃なので、老獪なソクラテスと若さに輝くパイドロスがイリソス川沿いの鈴掛の大樹の元で語らう場面は、ほとんど少女漫画の絵柄で想い描かれるのだった。

さらに時は流れ、ギリシア世界の崩壊に必衰の理を見るようになったのちも、往時そこに学芸や詩心に秀でた人々が多く生きていたという憧憬は保たれていた。ところが、いま目の前に『ギリシア詞華集』第九巻、十巻、十一巻が出来し、私の内なる古代ギリシア像は大きく揺らぐことになったのである。ひと言で言うなら、スノビズムの極致。沓掛良彦氏の訳者解説と重なるので例示は避けるが、同工異曲と思える類似した詩や詩句の多いこと、繰り出される述懐や教訓が月並みに堕していること、揶揄や罵倒も受け容れられる範囲内にとどまり起爆力がないことなど、全体が楽屋落ちの洒落やおかしみに終始していて、外へ開かれているとは言いがたい。頂点を極めたあとは通俗に流れ、内容においても修辞においても教養をひけらかすデコラティヴな様相を呈するのが文芸伝承のつねとはいえ、ここまでスノビッシュとは思わなかった。こうなったらいっそ覚悟を決めて、本歌取り風な模倣を特徴とするヘレニズム詩の趣向にどっぷりひたるつもりで味わうべきかもしれない。

しかし当然のことながら、作品に優劣はあるわけで、鑑賞するならやはり沓掛氏も推すパルラダスの風刺詩を引こう。訳者の解説にも挙がっている第十巻七二の詩。

浮世はのう、所詮あそびか芝居小屋、くすむ心をさらりと捨ててかぶきたまえや。
それは御免と言いやるならば、忍びたまえや世の憂さを。

浮かんだのは歌舞伎『鬼一法眼三略巻』の作り阿呆、一条大蔵卿長成だ。本心は源氏にありながら平家専横の世をうつけとして生きる大蔵卿の台詞「鼻の下の長成と笑わば笑え、言わば言え。いのち長成、気も長成、ただ楽しみは狂言舞」に透けるニヒリズムには、すでにキリスト教が国教となった四、五世紀のアレクサンドリアで、異教徒として迫害され文法師範の職も失い、困窮のうちに生涯を閉じたパルラダスの厭世観と通じるものがあるだろう。

そういうパルラダスだからこそ、同時代に同じアレクサンドリアで数学・天文学・新プラトン主義を講じ、異教信仰を守りぬいた女哲学者ヒュパティアに捧げた詩がある。第九巻四〇〇。

貴女の御姿を見、その御言葉を聞くとき、貴女を崇め敬う、
星散らばう処女《おとめ》の住居《すまい》をうち眺めつつ。
貴女の関心事は天空にこそあるなれば、
畏きヒュパティアよ、ことばの華にして
学知の純粋無垢なる星なる人よ。

最近、中務哲郎の『極楽のあまり風——ギリシア文学からの眺め』で、知と美貌を兼ね備えたヒュパティアが、彼女を慕う弟子に道を誤らせてはならじと、自身の経血で染まった月経帯を投げつけて「若者よ、そなたは美しからぬものに恋している」と諫める逸話を読んだ。なんたる剛胆！　若くしてその碩学と人格を称えられたヒュパティアは、狂信的なキリスト教修道士の集団に襲われ、生きながら肉を剝がれて惨殺されたとあって、〈星なる人〉を仰いだ頌詩もいっそう重みを増す。だがしかし、令名轟く女哲学者を称えたパルラダスが、かたや市井の女や女性一般に対してはなんとシニカルなことだろう。第十巻の五六。

女房に虚仮《こけ》にされている御亭主連中に言うておく、
一目見てそれとすぐわかる貞淑の印なんてものはないのだよ。
醜女《ぶす》だからというだけで身は潔白とは限らんし、

別嬪だからふしだらと決まってもおらんのだ。
女というものは器量目当てでたんまりと入れ揚げる男には
靡いたりはしないのだ。御面相のひどい女でありながら、
夫婦のあれには飽き足らず、あれをしてくれる情夫《いろ》たちにゃ、
たっぷりと情をかけるのは、よく眼にするところ。
しかつめらしい顔をして、笑顔のひとつも見せはせず、
男たちの眼に触れるのを避けている女でも、
貞女の鑑というわけにゃいかんのだ。それどころか
節操堅固な女なるものが、人知れずしてあばずれなこともあるのだよ。
かと思えば陽気な性《さが》に生まれつき、男には誰にでも愛想のいい女が、
貞女だってこともある。女というものがかりそめにも貞淑ならばの話だが。
年齢《とし》だって当てになりゃしない。年はとっても因果なことに
色欲だけは衰え止むことはないのだよ。
そこで女の立てる誓を信じるほかはないのだが、誓を立てたその後で、
女はまた新たな十二神を探すのさ。

女性嫌悪の伝統が脈々と息づき、少年は誰に身を任せるべきかが大論題になるギリシアとは

いえ、こんなふうに女への不信を言い募っていたら、恋も逃げてゆく。自縄自縛にお気をつけあそばせ、と言ってやりたいところだが、同じパルラダスが、次のようにチャーミングな詩も書いている。なんともかわいい憎まれ口は、第十一巻の三〇六。

君はアレクサンドリアを後にしてアンティオキアへと行き、
シリアへ行ってからイタリアへと足を伸ばす。
だが君を嫁にもらう金持ちなんざ一人もいないよ、
それぱっかりを心にかけて、町から町へと飛び回っていてもね。

隣にボブ・ディランの「ライク・ア・ローリング・ストーン」を置いてみる。若いころはちやほやされて、はしゃぎ回ってたのにさ、いまはどうよ？　独りぼっちで、帰る家もなくて、誰も君のことなんか知っちゃいないぜ……もちろんディランのほうが尖っているけれど、変遷、ドロップアウト、失意といったテーマは共通している。一千六百年前のギリシアと現代とが一気につながる爽快感。シャープで洒脱な沓掛訳がもたらすミラクルだ。

サド,フーリエ,ロヨラ
サド侯爵夫人

CHARLES FOURIER
シャルル・フーリエ伝

雲を追いかけて

——鎌倉佐弓『鎌倉佐弓全句集』

実作者ではなく、かつ分析的に俳句を読む素養がない私の場合、まずは一句のうちに真実味を探すのが鑑賞の入口だ。すべからく句集は、視線の確かさ、詩想の深さ、十七音内のセンス、謎を残しおく隙の作り方など、作句の諸要素を吟味しつつ読むべきであろうが、世にいう名句秀句でも俳味の在り処がわからないこともある私なので、正直なところ読みに自信はない。

それでもなお私が『鎌倉佐弓全句集』に向き合うのは、同性・同年の鎌倉佐弓に、同時代を生きてきた者として自分なりの感想を伝えたく思うからだ。なにしろ全句集である。俳句と出会った十代から還暦の現在まで、一人の女の歩みがたどれるにちがいない。栞では復本一郎が各句集から好みの一句を引いているが、本稿もまた時の流れに沿い、真実味に打たれた句を挙げてゆこう。

まずは二十代の日々を詠う初期未刊句集『夕日の輪』から。鎌倉佐弓は大学の俳句サークルから結社「沖」に入り、教職に就き、父を亡くし、夏石番矢と出会っている。この時期の句の魅力は、初学者の歓びに身をひたしてのみずみずしさだろう。定型の恩寵とも言うべき調べを試しつつ、自然界への感覚を磨いている。巧さでは、佐藤鬼房が褒めた「花売の指やや湿り遠がすみ」かと思うが、私はむしろ若さの発露として、次の一句を推したい。

菜の花の黄に染むシャツをふり洗ひ

〈ふり洗ひ〉に潑剌とした娘の姿が浮かび、眩しいほどだ。

『潤』は三十一歳で夏石番矢と結婚した一九八四年に刊行の第一句集。川名大が『現代俳句・下』に採った「安房は手を広げたる国夏つばめ」「鮎は影と走りて若きことやめず」、あるいは佳句としてよく引かれる「サイネリア待つといふことときらきらす」など、大らかで生彩に富んだ句が並ぶ。私が好ましく思ったのは、娘時代の呑気な幸福感をのびのびと手放しで詠んだ一句。

胎内のみどりに染まるまで昼寝

〈胎内〉の語感がくつがえる句で、一度読んだら忘れられない。﨟長けたというか、少し大人びた句も挙げよう。

山からの光がしなふ初箒

菜の花畑のお嬢さんがいつのまにか思慮深くなった感じだ。先の復本一郎の栞に引かれた「黒葡萄父をまぶしく見し日あり」は、父に愛された娘ならではの好句だが、ここでは母の句を挙げたい。

帯きつく締めおぼろなる母の声

句の並びからすると、父上の葬儀での喪服の着付けだろうか。母と娘の濃密な一刻が切りとられている。

一九八七年の『水の十字架』は、長男死産という悲しみののちの第二句集。人生の陰影をくぐっての内省が、句境に谺している。

青野より墓地ぬけて来し手の汚れ

長女誕生を経ての第三句集『天窓から』は一九九二年。「女身とは光をはじく岬かな」は、まさに女ざかりの一句といえる。圧倒されたのは、母になることの生々しさを詠んだ句だ。

ごうごうと鳴る産み月のかざぐるま

出産を控えた不安は、以前の死産を想えばなおのことと察せられるが、妊婦はその不安と、しかしそれを上回る生命の勢いに身を晒している。かつて胎内を緑色に染めて昼寝していた娘が、生まれ出づる命を胎内に宿している奇蹟。恐ろしいような風車の音も、聴きようでは母子を励ましているのかもしれない。産み月のおののきと高揚が二つながらに伝わる句で、胸に迫るものがある。

出産までは新婚気分が残り、恋人時代の延長であった夫婦も、いやおうなく変貌する。それを捉えたこんな句にも惹かれた。世の亭主族は、赤ん坊に授乳する母の心の不穏を知るべし。

子と夫得たのに畳ざらざらす
乳と蜜の母にとどまる不発弾

四十八歳の第四句集『走れば春』は、母の死、自身の闘病、パリ暮らし、なにより作句の迷いを越えての二〇〇一年刊だ。代表句「ポストまで歩けば二分走れば春」の明朗闊達は、やはり鎌倉佐弓の身上だろうが、しかしその明るさはかつてのように無傷ではない。沈思や屈託を抱えた末に、もういちど自分の感受性に問いかけて選び直した明朗であり、だからこそその底に、儚く消えてゆきそうなものへ向けられた愛惜が感じられる。

サイダーの泡少年をかけのぼる
人恋えば夏帽のなかさざなみす

『走れば春』には、一方で中年女の逞しさを見せつける句もあり、これは十年後の第五句集へと続いてゆく。さてその第五句集『海はラララ』となると、いよいよもって腹が据わった感じ。「星冴えて耳の奥へと道つづく」のような美しい句もあるが、全体に大胆不敵というか、俳味のほんらいのおかしみがにじむ句が多い。

庇護される妻にて蛸をわし摑み

これを『夕日の輪』の「菜の花の黄の膨るるをわし摑み」と並べると、経年の変化は一目瞭然。しかも〈妻〉に〈庇護される〉と冠してあるのが絶妙だ。露悪的な自虐でもないし、かといって皮肉を込めた反語表現でもない、おそらく真っ正直な自画像だろう。真っ正直であることにより、かえって〈庇護される妻〉は、精神の自由を手中にしているとも読める。

自由宣言は妻だけではない、母としての眼差しもどこかで子離れを予見しているようだ。〈ぷいと〉がチャーミングな一句。

ぷいと出て吾子はほたるぶくろの中

清新で大らか、これは初期句集から、『海はラララ』以降の作を集めた未完句集『雲の領分』まで一貫した、鎌倉佐弓の美質だろう。年齢とともに句の内容は人生の機微に触れるものとなってゆくが、素手で事象をつかむ生き生きした感じは、根本では変わらない。

ここにもう一つ変わらないのが、生涯のモティーフとも見える雲への偏愛だ。未完句集のタイトルが採られた一句。

葦原のそこからは雲の領分

かつて「もう見えぬ夏山ほつと雲を吐き」(『夕日の輪』)、「雲と眼のかちりと合ひて秋の旅」(『潤』)、「綿雲か枯蔓を引き寄せている」(『走れば春』)と詠んだひとは、いま目路の彼方に雲の領分を眺めやる。いったいどこへ行くつもりだろう。家庭や家族を懐疑する私とは、生き方においで対照的な鎌倉佐弓が、これからの円熟期にどう詠うのか、ちがうからこそ気になる私である。

嘘とめっき——『生命の樹』の由美子

高見順
『生命の樹』

高見順の小説中、読みかけていったんは放り出してしまった作品がある。途中まで読んで、どころではなく、第一章冒頭の数ページでやめてしまった、それが『生命の樹』である。一九五六年（昭和三十一年）から五八年にかけて、「群像」に断続連載された長篇小説で、名をなした五十近い作家と、銀座のバーに勤める二十代の女性の恋愛を描いている。問題の冒頭はというと、年の瀬の十二月二十七日にバーのホステス由美子から、作家の鎌倉の自宅に電話がかかってくる。電話を取り次いだのは作家の妻。

「先生？　あたし、切られちやつた……」

たゞならぬその声に僕は、うッと息を呑んだ。
「顔を、あたし、切られちやつたのよオ」
と尻あがりの声で由美子は言つて、あとは激しい咽《むせ》び泣きにかわつた。

深い関係のある女が、顔を切られて泣きながら電話をかけてきた。ふつうなら、男の第一声は「大丈夫か！　いまどこにいる！」だろう。ところが作家は、まるで刑事のように「誰に？　いつ？」と尋ねるのである。というのも、おっつけ一年になろうとする付き合いの果てに、作家は由美子に男の影を感じている。じつは昨夜も、由美子に借りてやったアパートで逢引の時間を過ごし、夜も更けてから鎌倉に帰ったわけで、となるとあれからあの部屋に男が来たのか、それとも由美子が呼び出されて出かけていったのか、などの疑念が頭のなかをぐるぐる回り、それが「誰に？　いつ？」という問いとなって発せられたのだ。そのまま電話で状況を聞き出そうとする作家に、由美子は「電話じゃ、いや」、すぐ来てと懇願する。さすがに作家も駆けつける約束をするのだが、電話を切ったあと、傍らの妻を振り返り「やっぱり男がいたらしい。男に顔を切られたそうだ」と告げるのである。

小説の出だしとしてはインパクトもあって悪くない。しかしありていに言って、この作家の態度は酷すぎる。由美子に向けて、怪我の程度を案じる言葉はひと言もない。一方、関係を知る妻に受話器を取られた負い目からか、事態についての憶測混じりのコメントを、その場で妻に洩らしている。小説は倫理観で読むものではないけれど、二人の女双方を踏みつけにする滑り出しに、私は読む気をなくして本を閉じた。

二〇一六年夏、第三十二回荒磯忌で話すことになり、さてなにを取り上げようかと考えるうち、この機会に『生命の樹』に再挑戦してみたい気持ちがわいてきた。というのも、奥野健男の高見順論を読んだときに、奥野が『生命の樹』に高い評価を与えていて、おやっと引っかかっていたからだ。しかも奥野も私同様、最初はくだらない小説だと呆れたらしい。

ぼくは『生命の樹』のはじめの部分を読んだ時、高見順もとうとうヤキがまわったかと思った。いい齢をして、バーの若い女の子に手放しにほれ、そもそものなれそめから得意気にめんめんと語ると思えば、やきもちをやき、女の顔が斬られたと大騒ぎをし、という文章を大真面目に書いているのは正気の沙汰とは思えなかった。（中略）しかし回を重ねるに従って作者の異常なまでの執拗さに、滑稽さを超えたなにかを感じ、ぼくはこのばかばかしい世界にひきいれられてしまったのだ。

（『高見順』。引用は以下同）

先まで読めばちがう光景が見えてきたのだろうか、そう思い再び手にした『生命の樹』は、文壇なるものが確固として存在し、文士が銀座のバーにつどっていた時代の小説だ。読んでみて、あれこれ思うところがあった。奥野の論をきっかけに、高見順への認識を新たにすることになったのである。

しかしながら、奥野の説に全面的に同意というわけではない。奥野によれば『生命の樹』のいちばんの魅力は、あきらかに高見順本人とわかる作家のダメぶりであり、奥野は小説全体のだらしなさ、くだらなさ、ひとりよがりに、高見順文学の面目を見ている。しかもその自己告白が『わが胸の底のここには』のような遠い幼少年期の恥辱をめぐるものではなく、まさに現在進行中の、五十男の妄想と愚行を方法意識もかなぐり捨てて夢中になって描くからこそ、「読者を同じ泥まみれの地平線にひきずり落す力がある」というのだ。

たしかにそれはそうなのだが、ダメ男の情痴小説なら、田山花袋、岩野泡鳴、近松秋江といくらでも先例があるし、高見順より二歳年少の太宰治も、いい加減で投げやりな自身のダメぶりを語って、読者に共感を呼び覚ます名手である。判官贔屓というか、うらぶれた男を慈しむ日本文芸の伝統的感覚を背景にすると、英雄的な人物はかえって浮いてしまう傾きもあって、小説世界にはダメな男があふれかえっている。

むしろ私が興味深く読んだのは、作家のダメ男ぶりより、由美子のダメ女っぷりである。ヒロインが悪女ならぬダメ女であることが、この小説をユニークなものにしているのではないか。小説のなかで、作家はことさら由美子のダメっぷりを叩いているわけではない。惚れた弱みで、かえって庇うように書いている。しかし突き放して客観的に見るなら、由美子はそうとうダメと言わざるをえないのであり、以下に粗筋を絡めつつその点を挙げてみよう。

まずは人生の設計が全くないところ。由美子は銀座のバーに勤めるホステスだが、水商売の世界にいても、プロに徹して店を持とうという野心はないし、作家と深い仲になってからも彼の作品を読もうという気もない。将来をどう考えているのか、どうにもならないと諦めているようでもあり、逆に、どうにかなると高をくくっているようでもある。

第二に、由美子にはおよそ趣味というものがない。作家は、由美子がハンドバッグを買ってくれとか洋服がほしいなどとねだらないことを、けなげでいじらしいと捉えているが、読むうちに、由美子がそもそも衣食住全般に関心がなく、部屋が殺風景でも気にならない女であることがわかってくる。料理もしかり。焼飯を出された作家は、「寄せハムとピーマンを刻みこんだそれは、感想を述べがたいものだつた」などと遠慮がちに書いている。

しかしなによりダメなのは、嘘だらけであること。タクシーで送っていっても手前で降りて決して家へは近づけないとか、いっしょに出かけた旅行では翌朝そそくさと一人で帰るなど不審な行動が重なり、作家はそのつど追及するものの、由美子の絶妙（？）な会話ではぐらかされてしまうのだ。ひとかどの作家が二十代の女の子に言いくるめられるとは、ありうべからざる事態ではあるが、由美子の会話術はこの小説の読みどころだろう。たとえば、週末に千駄ヶ谷のアパート近くまで送って部屋に寄りたいという望みを断られた作家が、翌週に由美子を呼び出して別れ話を切り出す場面。

「君にはどうしても何か隠していることがあるとしか思えない。それを僕になんとしても言わない君と、僕はこれ以上……」

「そんなこと言うんなら、一緒にこれからお家へ行つて!」

由美子は僕の腕をつかんで、

「秘密があるかないか、行けば分るわ」

「だつたら、なぜあの土曜に、僕をアパートに寄らせなかつた? 今日ならいいが、土曜は都合が悪かつたのか? アパートに男が来ていて……」

「アパートじやないの。だから、いやだつたの」

由美子は事もなげに言つてのけたが、さらりとした口調だけに余計僕は驚かせられた。愕然としたというのに近い。

「アパートじやない?」

この女は一体全体……僕は、あいた口がふさがらなかつた。由美子は可愛い声で、

「可愛いちつちやな家だけど、家なのよ」

「君は今まで、アパート、アパートと言つてたじやないか。万事この調子だ」

「この調子つて?」

「万事うそをついてる」

「うそじやないわよ。先生がアパートと勝手にきめちやつてるもんだから、ちがうつて言

いそびれちやつたのよ」

「言いそびれるはないだろう」

「あとから言うと、変じやないの。アパートと先生がきめこんでるのに、家だなんて言うと、そうでなくてさえ、あたしのことうたぐつてるのに、いよいよ変な眼で見られちやう。だから——土曜も、それで、あたし、いやだ、来ちやいやだと、つい言つちやつたの」

「つい言つた？　そんなら、あんなに僕がアパートに寄らせろと言つたとき、実はと言えばいいじやないか」

「あたしの性分として、それが駄目なのよ。一遍、いやと言つたら、中途でそれが曲げられないの。先生だつて、そのあたしの性分、知つてるじやないの」

「とにかくアパートじやなくて、家だとは驚いた」

「あたしも、アパートじやなく家なんで、いやだつたのよ。アパートならいいけど、家だと、女のひとり暮しは変に思われるから……。それに、あの晩は初めから、先生はあたしを置いて帰つちやうというんで、あたし、お冠りだつたのよ」

しかし嘘も、顔切られ事件でばれてしまい、由美子に六年越しの男がいたことが発覚する。妻帯者で、やくざとまでは言い切れないが半端者のこの男とのあいだには、四歳になる子供まであり、その子は男と男の妻が育てている、というような事情が、次第にわかってくるのである。一つ事実が知れると作家はずるずると妥協し、すると次なる秘密があかされるといったふうで、けっきょく小説の最後まで作家と由美子の関係は続いてゆく。

子供の件はかなり微妙だ。顔切られ事件まで親権は由美子が持ち、実際の養育は男と男の妻が行っていたが、事件後、由美子は作家を選んで男とは手を切り、親権も放棄して子供は正式に男とその妻の元へ引き取られることになる。このとき愁嘆場が演じられるわけでもなく、由美子と子供の間柄がもとから希薄であったらしいことが察せられるのだが、これは母性神話が強い日本の文芸の土壌にあっては、稀ななりゆきではないだろうか。

ここまであえて由美子のダメっぷりをあげつらってきたが、その由美子を奥野健男は最大級に褒めあげている。

ぼくには『生命の樹』の由美子は性の場面の描写が少ないにもかかわらず、ナボコフの『ロリータ』よりも、モラヴィアの近作『倦怠』のチェチェ《ママ》リアよりも、いきいきとしたリアリティをもって小妖精の姿や言動が描きつくされているように見える。(中略)谷崎潤一郎の『痴人の愛』のナオミや『瘋癲老人日記』の颯子より、また川端康成の諸作品に出てくる少女より、女の子の悪魔性が巧みにとらえられている。

ロリータやナオミよりとはいくらなんでもと思うが、奥野が幻視する小妖精と、私が意地悪く追及したダメ女との中間あたりに、リアルな由美子は立っているにちがいない。

もちろん、由美子にはいいところもある。たとえば作家が由美子の過去を、進駐軍相手の娼婦だったのではないかと疑い、「マリちゃんは、あのアパートでパン助をしてたのか」と由美子の友人を引きあいに探りを入れる場面。由美子はマリ子がオンリーだったことを認めるが、同時に、「[オンリーは] よそのひとに何も迷惑をかけるわけじゃないし」とひと言言って、パンパンやオンリーを蛇蝎のごとく嫌う作家を制している。また男の正体がわかって、作家が「もうすこし気のきいた男を選べばよかつたのに相手があんちゃんとは……」とねちねち毒づくと、「そう、あんちゃんあんちゃん言わないでよ」と言い返している。

ここで気づくのは、作家がこうした由美子の反撃に、虚を衝かれてたじろいでいることだ。パンパンを侮蔑し、鋳物屋のあんちゃんを冷笑するこの自分は、まがりなりにも左翼であったのだから、構造的に社会的弱者になっている人たちに対して、もっと温かい眼を注いでしかるべきではないか、という思いがきざしてくる。つまり由美子の咄嗟の一撃によって、インテリとしての自分がバックボーンにしてきた左翼思想や人道主義が、じつはめっきにすぎないことを思い知らされるのである。めっきだから、罅が入って剝がれ落ちる、その痛みを、作家はいわく言いがたい快感とともに味わっているように見える。

そもそも作家は、自分が不自然な存在であって、なまな生を生きていないという不全感を抱えていた。街で「Cultured Pearl」という看板を目にした作家はこう考える。

僕は瞬間、なんのことか分らなかつた。Pearlは真珠である。そしてCultureは僕らの何かというと口にする「文化」である。カルチュアドは「文化的」とか「教養のある」という意味だが——文化的真珠とは何か、教養ある真珠とは何か。

そうだ、このカルチュアド・パールとは養殖真珠のことだ——と気づいたとき、僕はどきんとした。実にどきんとした。

心がどきんとしたのだが、何かが、どきんと僕の心を打つた感じだつた。激しく叩かれて、僕の心はある呻きを発していた。

僕らは正にカルチュアド・パールなのだ。天然真珠でなくてそれなのだ。文化人と言われる僕らは文化的真珠の養殖真珠なのだ。僕らは人工的な産物であり存在なのだ。すくなくとも僕は……と思つたのだが、そう思つただけでなくて、僕はそんな養殖真珠でありたくないと思つて、そう呻いたのである。(中略)

僕が人工的な存在だというのは、生そのもののなかで生きてはいないという実感から来ている。生への渇き、それが呻きとなつて、僕の心から発せられたのである。

僕はかねて僕が文化人とか知識人とか言われることに何故とも分らぬ羞恥を感じていた。その理由はここにあつたのだと僕は思つた。生そのものを僕は生きてない。

実存の不安がもたらす疎外感は現代の宿痾であり、高見順は分身たる作家に生への渇きを語らせている。ここで『生命の樹』執筆に至るまでの、高見順の戦中戦後を振り返ってみよう。高見順は敗戦を三十八歳で迎えている。戦争中は徴用を受けてジャワ、ビルマ、中国などに出かけてはいるが、軍国主義に抗した「人民文庫」派であり、戦後文壇への復帰はスムーズだった。言論の自由を取り戻した出版界からの執筆依頼も多く、復興成った日本ペンクラブにも加わり、一九四六年には『我が胸の底のここには』の連載も始めている。しかしその一方で、太宰治、坂口安吾、石川淳など同世代の作家のようには敗戦を踏まえた作品が書けず、四〇年代後半には健康を損ねている。めまぐるしく揺れ動く戦後社会のただなかで、戦前戦中戦後の連続性と断絶をどう総括し、どのように作品に結実させるかは、文学者・高見順にとって重い課題だっただろう。偶然ではあるが、荒磯忌の講演を準備していた六月に、太田治子へのインタヴューを新聞紙上で読み、この課題の重みに改めて思い至った。太田は父である太宰治の戦争責任についてこう語っている。

父を戦争にくみしなかった数少ない作家ととらえる方もいますが、私は疑問です。父は開戦の日にたけだけしい心をもってしまい、戦時中には明らかに軍部に寄りそう文章も書いていいます。せめて沈黙してほしかったのに。お父さん、あれは間違っていましたと強く言いたい。

父があんな死に方をした理由の一つは、死ぬと言いつづけてきた自分の文学に帳尻を合わせるためでしょう。もう一つは戦争責任を死であがなうためだったと信じます。入水は悲しいけれど、もし老いるまで生きていたとしたら、私は軽蔑します。

（朝日新聞、二〇一六年六月二十四日夕刊）

自身が書き手である太田の発言は、言説における責任を厳しく問うものである。太宰の入水自殺は一九四八年、高見順は自殺こそしなかったが、重圧は心身を締めつけていた。同じ四八年ころから肺疾患での闘病、ノイローゼによる執筆不能と、長いスランプに陥っている。『生命の樹』は、スランプからの脱出口であった。若い女との先の見えない恋愛、それを同時進行で書くことに、起死回生が賭けられていた。奥野健男の評言を借りるなら「ノイローゼからの自己の直接的救出を目的とする志賀直哉的調和型私小説の発想によって、葛西善蔵的破滅型私小説を書こうという錯誤を犯している」失敗作ではあるが、そう言いつつ奥野はこの「すきだらけの失敗作」を断固支持している。読み終えたいま、奥野の言わんとすることもわからないではない。

もともと私は、高見順が巧い小説家だとは考えていない。主人公や語り手のほかに作者のものと思われる声が紛れこむ文体を、「八方破れの饒舌体」とか「破天荒な筆致」とか肯定する評論家もいるが、高見順自身が出過ぎていて小説として読みにくい。ただし巧くない感じが、巧すぎる太宰のうさんくささと好対照で、正直とか実直という印象に繋がり、書いた人の顔が見え息づかいが聞こえるところに高見順のファンは惹かれるのであろう。ところが『生命の樹』
では、小説中の作家と高見順が一体化しているからか、よけいな声はなく、あくまで作家と由美子の関係性のなかで小説が回ってゆく。その『生命の樹』を、高見順自身はこう語っている。
この小説はわたしにとつてどうしても書かれねばならない小説であつた。書かずにはすますことのできない小説であつた。もともとわたしはそういう小説しか書けない、そういうたちの作者であるが、この小説は作者のわたしにもそして読む人々にも楽しさを与えない、むしろにがにがしさをわたし自身にも感じさせる小説で、そのにがにがしさの故にわたしはこれを書かねばならなかつた。わたしはこういうところへ来てしまつたのである。ここからよそへ行くにはどうしても仕方のないこととして、こういう小説をわたしは書いた。書いている途中、つまり分載の途中、これはわたしを愛してくれる人たちからいろいろと言われたが、避けてはならない、よけてはいけない道というおもいで、書きつづけた。（中略）おかげでしかしわたしは、はたから見れば見苦しい小説にせよ、わたしにとつては大切な小説を書くことができた。その見苦しさの故にこの小説はわたしにとつて大切なのである。

（『生命の樹』あとがき）

かくして私たちの前には『生命の樹』が残された。読後、圧倒的な存在感をもって迫ってくるのは、作家ではなく由美子のほうだ。本稿ではダメ女の刻印を押してしまったけれど、由美子は嘘こそつくものの、自分を自分以上に見せかけるめっきを施したりはしていない。嘘だって、思いがけず作家と恋仲になり、来し方を清算しきれずに、その場しのぎでついている嘘であり、また無趣味なところも、外から教養や知識の助けを借りずに、自足していると言えなくもない（だから向上心もないのだが）。ふわふわと捉えどころがないようでいて、どんな境遇でも生き抜きそうなしたたかさを感じさせる由美子。リアリティをもって由美子を描き出したところに、私は高見順文学の新境地を見る思いがした。高見順はこれほど巧みにヒロイン像を造れる作家だったのか、という嬉しい誤算、それが『生命の樹』なのである。

フーリエと私
——詩「未来はオーレンカのもの」をめぐって

——シャルル・フーリエ『愛の新世界』

1 「未来はオーレンカのもの」

二〇一八年三月二十七日、二十八日に一橋大学で開催されたシャルル・フーリエ研究集会において、発表の機会をいただいた。そもそものきっかけは、『愛の新世界』の翻訳者・福島知己氏に第四詩集『キンディッシュ』をお送りしたことにある。直接にフーリエの名は出てこないものの、『キンディッシュ』にはフーリエの性愛論から影響を受けた詩が並んでいる。それで福島氏企画の研究集会にも「『愛の新世界』に想を受けて、詩作品を構想する詩人」としてお誘いいただいたわけだが、いろいろ考えた末、今回の発表では少し時間を遡り、私がフーリエにたどり着くまで、というところから話を始めることにした。『愛の新世界』を知る以前に書いた一篇の詩「未来はオーレンカのもの」を取り上げ、それを読み解きながら、どうして私がフーリエへと導かれたのか、その道筋を振り返ってみたいと考えたのである。当日は詩「未来はオーレンカのもの」に仏語訳を添えて出席者に配り、以下のとおり自作解釈に臨んだ。

2　詩集『海曜日の女たち』の背景

「未来はオーレンカのもの」は、一九九〇年代後半に書き、二〇〇一年刊行の『海曜日の女たち』に収録した詩である。十三篇を収めた『海曜日の女たち』はポリガミー的な関係を主題にした詩集で、夫婦や恋人のあいだに新たな一人が割り込んでくる三角関係、一人の男（女）に複数の女（男）が群がる一対多数の関係、相手から相手へとさまよう移り気な関係など、全篇、一対一ではない関係を描いている。

なぜこのような関係を主題にしたのかというと、根底には私が子供のころから自分を取り巻く年長世代の夫婦・家族・男女の関係に違和感を覚えていた、ということがある。

二一世紀に入って様変わりしたものの、私が育った戦後の日本は、長らく婚姻率が高く離婚率は低い国であった。戦後世代（団塊世代）の非婚率は男女とも一〇％以下であり、多くの人が結婚し、その結婚はおおむね伴侶の死まで続くものだった(それが二〇一五年の国勢調査では、非婚率は女性一四・〇六%、男性二三・三七%となり、単身者は年々増えている)。つまり日本では、社会の最小単位は個人であるよりも血縁で結ばれた家族・家庭であるとの感覚が染みついていたといえよう。たしかに年功序列の生涯雇用を前提にすれば、働き手の収入で構成員の健康と育児をまかなう家庭は効率的ではある。そして家族・家庭という単位を補強するように日本の戸籍制度は作られていて、公的な手続きの折々に私たちは戸籍謄本の提出や本籍地の記入を求められ、そのたび血統の系譜を意識させられるのだ。

しかし制度に守られた家族の内実を見ると、多くの夫婦は親としての役割が前面に出て、男女間の愛情は希薄に映る。家庭を営むこと自体が目的化した家庭では、性愛の磁力は遠ざけられるのだ。当時は知らなかったフーリエから言葉を借りるなら、〈情念引力〉の圧倒的不足、である。ただしそうした夫婦も、闘病の末にどちらかが他界したりすると、たちまち美化されていかにも濃やかな愛情に結ばれていたようにイメージは塗り替えられてしまう。失わないとそれと意識できない愛情とはいったいなんだろう。しかもこうしたパラドクスは、大昔からの日本の恋愛公理であるかもしれない。王朝和歌で恋の歌といえば、去った恋人を慕う歌、亡き人を偲ぶ歌、手に入らない人を憧憬する歌であり、目の前にいない存在を乞うことが恋なのだ。現前の誰かを愛して恋の歓びに陶酔するような歌は見当たらないのだから、I love you より I miss you の詩情というべきか。

これらのことのすべてが私には空疎で理不尽と感じられ、自分や自分の世代はいずれもっと別様の関係を創り出したいと夢見ていた。そう考えるうち一九六八年にいたって、もしかすると日本の社会も変わるかもしれない、という希望が仄見えてきた。フランスでは五月革命が、アメリカではヴェトナム反戦運動が、中国では文化大革命が、日本では大学紛争が燃え広がった六八年には私は中学生だったが、それでも社会の在りようや人々の心情に変化が起きそうな胎動を感じ、〈大学解体〉というスローガンを支持する気持ちで動向を眺めていた。さらにカウンターカルチャーの波とともに、ヒッピームーヴメント、フリーセックス、オープンマリッジなど人間の関係性を刷新するような考え方が伝わってきて、それにも魅了された。

ところが一九七〇年代も半ばになると、けっきょく日本ではなにも変わらなかった、と言いたくなるような光景があたりを覆っていた。社会に出た若者は結婚して企業戦士と専業主婦からなる核家族を作り、高度経済成長を担うこととなったのである。

こうした現状に対して私が抱いていた違和感を、詩の形で語ったのが『海曜日の女たち』であった。虚構化によって、現実ではあり得ないところまでポリガミー的な関係を膨らませ、ある種の思考実験をしてみようと思ったのである。詩の言葉の勢いで、旧態依然の婚姻制度やロマンティック・ラヴ・イデオロギーの圧力を押し戻したいと考えていた。

3「未来はオーレンカのもの」からフーリエへ

『海曜日の女たち』の詩群は、ほぼ一九九〇年代に書かれている。そのうち「未来はオーレンカのもの」は、そのころ浮上した〈援助交際〉という事態に触発されて生まれた詩だ。中年男性が金銭の援助を与えて女子高校生と交際する援助交際がメディアで取り上げられ、これが性愛のモラルを揺るがす脅威であるかのように喧伝された。私はこのとき、なにも変わらなかった七〇年代に鑑みて、援助交際では日本の性愛道徳や婚姻制度や家族関係は壊れも揺らぎもしないだろうと考えていた。なぜなら援助交際は、年齢差のある関係が目新しいだけで、金銭の授受があるという点では売春の一ヴァリエーションであり、資本の論理にのっとっているからだ。家庭や家族の閉塞感をひととき逃すことで、かえってそれを補完しているとさえいえよう。では、ほんとうに脅威となる交際とはどういうものなのか。それを想像して書き始めたのが、金銭の媒介なしに誰とでも交際する女性を主人公とする「未来はオーレンカのもの」であった。

まずヒロインの名前は、アントン・チェーホフの短篇『可愛い女』から貰って、オーレンカとした。『可愛い女』のオリガ・セミョーノヴナ、愛称オーレンカは、結婚相手に合わせて価値観が変わってしまう女である。そう要約するといかにも愚かしい女のように感じられるが、トルストイも「チェーホフ作『かわいい女』への序文」で激賞したように、チェーホフの語り口があまりに見事なので、愚かというよりは人間のもっとも健やかな状態、愛に没入して主体性や自我などに拘泥しない状態を描いているとさえ思えてくる小説だ。しかしこの健やかさは、社会的な責任を負っていない子供の健やかさではあろう。

チェーホフのオーレンカが一九世紀の可愛い女なら、二一世紀の可愛い女はどんなふうだろうと考えてみたのが、「未来はオーレンカのもの」のヒロインである。詩のなかではオーレンカを、性的にオープンでパワフルな女として造形してみた。アルフレッド・ジャリの『超男性』に対抗しうるような、〈超女性〉というわけである。第一連の前半では、オーレンカの魅力を歌いあげることに力を注いだ。後半では、オーレンカが自らの欲望を持たず、他者の欲望に応える存在であることが少しずつ見えてくる。オーレンカの本分は、まるで『愛の新世界』の〈恋愛貴族〉のごとく、他者の欲望をかなえることにあるわけである。さらに第二連では、このオーレンカの本分によって生じる事態が明らかとなる。オーレンカの存在は夫婦間や恋人たちの潤滑油になっていて、なおかつ利用されているはずのオーレンカ自身も全く傷ついていないので、誰も困っていない、問題なしという事態である。最終の第三連にいたると、オーレンカは一個人であることから抜け出して、オーレンカ的なものとして社会全体の傾向となっている。つまりオーレンカとは、あるセクシュアリティの状態だということだ。求められれば躊躇なしに関係を結ぶ、という性的特性の表象が、オーレンカなのである。

このように新時代のセクシュアリティを探求して魅力爆発のオーレンカを造り出してみたものの、生みの親である私には、影のない女の快進撃を言祝げば言祝ぐほど、困惑がきざしてくるような居心地の悪さがあった。家族に回収されてしまうような結婚や恋愛のあり方に爆弾を投げこむつもりで造形したオーレンカだったが、残念ながら爆弾にはなりえなかった。なぜなら、オーレンカが徹頭徹尾、受け身だからだ。オーレンカ自身に欲望や意志がないからこそ受け身に徹して求めに応ずることができる、ともいえる。しかし本来、近代以降の人間観では、主体的・能動的に欲望や自由意志を行使する代わりに責任も果たす、というのが大人の定義だったはず（それゆえ、責任を取るから自由をくれ、というのが大人になりたい子供の主張だった）。ところが欲望も意志もないオーレンカは、そもそも自由を欲しておらず、ありあまる魅力と健康で他者の欲望をかなえているだけの存在だ。主体性や自我のないチェーホフのオーレンカについて〈子供の健やかさ〉と前述したが、なんのことはない、新時代のオーレンカもけっきょくは子供の愛らしさにとどまっているではないか、いや、子供どころか美しくて蠱惑的な動物ではないか、と思えたのである。

欲望や自由意志に基づかない関係がいくつ結ばれようと、それは真のポリガミーではないだろう。では、大人同士が自由で開放的で親密なエロス的関係を持つとしたら、それはいったいどういうものになるのだろう、そのとき社会はどう変わるのだろう、と考えるうち、もしかしたらフーリエを読むべきではないか、という気がしてきたのだった。

フーリエについて、私にはまず、いわゆる空想的社会主義者、農業を中心にした理想的な共同体を構想した経済思想家、という理解があり、その後ロラン・バルトの『サド、フーリエ、ロヨラ』や雑誌「GS」の反ユートピア特集号で、フーリエにユートピアにおける恋愛と性についての長大な考察があることを知ったが、なにぶんにも『愛の新世界』の邦訳がなかったので、隔靴搔痒の感があった。そこへ歓ばしいことに二〇〇六年になって福島知己氏の翻訳による『愛の新世界』が出て、関心を寄せたまま手が出なかった問題の書物をいよいよ読めることとなったのである。

4『愛の新世界』を読んでみると

書物の厚みにたじろぎつつ『愛の新世界』を読んでみた。結論から先に言うと、欲望がないからこそポリガミー的関係が可能になるというオーレンカの矛盾について、『愛の新世界』に解答を求めることはできなかった。なぜなら『愛の新世界』では、人はみな欲望を持つことが大前提であり、それをいかにかなえるかが語られているからだ。しかしながら読み始めてすぐ、私は本書に魅了された。フーリエの主張についてはひとまずおき、なによりもこれまで見たこともない自在な書き方に、戸惑いつつ巻きこまれたのである。物語や戯曲や旅行記や美食談義や制度論や性愛学説がごちゃ混ぜで、まるでおもちゃ箱をひっくり返したよう！　さらに、多様な欲望をかなえるためのアイディア、性のベーシックインカムともいうべき性的最低保障を成し遂げるためのアイディアが無尽蔵！〈情念引力〉はもちろん、〈恋愛法廷〉とか〈全情念カドリーユ〉とか〈天使カップル〉とか、翻訳者の苦労が偲ばれる斬新なアイディアのオンパレードである。人間のエロス的衝動を全面的に肯定し、合意に基づくものであればどのような性癖も認められるべきだし、非排他的な恋愛は社会の紐帯になりうるのだから、そのために法典や政策や社会機構を整備すべし、とするフーリエの主張は、生きる歓びへの階梯と感じられた。さらに私が気に入ったのは、女性の解放こそが社会進歩の鍵を握るとするフーリエの先見性である。またフーリエは老人や子供にも目を注いでいる。これがマルクス主義だと、どうしても労働者として団結しうる壮健な男性が中心となる。フーリエの場合は、恋愛法廷の裁判長や聴罪司祭などの要職に恋愛経験と直感力に富んだ年配の女性の登用を提案したりしていて、素晴らしい。

逆に異論を唱えたくなるのが、フーリエにおける悪や罪への感度の低さだ。原罪を起点に置くキリスト教への批判からか、フーリエの考える罪とはあくまで世俗世界での過ちであり、それだからこそ更正と許しが認められている。それを必要としている者に性的充足を与えることによって罪科が免除される〈贖宥特典〉など、こうした考え方に基づく制度だろう。しかしながらフーリエの性善説は、二度の世界大戦の世紀を経た私たちにはいささか楽観的と感じられる。

また、フーリエは人々が嘘や欺瞞なく結びつく社会を提唱している。浮気性なのが悪いのではなく、それを隠して貞淑ぶるのが虚偽であるというわけだ。ありのままに欲望を発揮しても責められないなら、関係の開放性や透明性は保てるはずだと考えているらしいが、これもいささか人間洞察が足りないのではないだろうか。非難されないとしても、人間には現実の自分を否定したい、自分以外の者になりたいという気持ちがあり、あらまほしき自己像に照らして、黙っていたいこと、隠しておきたいこと、話したくないことがある。私は、愚かしくも秘密をかかえて虚偽に生きることになってしまった人間の懊悩が、文学の一角を形作ってきたと思っている。

5　恋愛至上主義、汎性愛主義世界観への疑問

もし『愛の新世界』を私が十代で読んでいたら、諸手を挙げて賛成していたかもしれない。そのころは、"All You Need Is Love" と感じていたからだ。『海曜日の女たち』のあとの第四詩集『キンディッシュ』でもその感覚は底流していて、とりわけフーリエを意識した一篇「天動舞踏」には〈見つめあうだけで生計が成りたつユートピア〉という詩行もある。つまり私は、御託を並べつつもフーリエと彼の恋愛礼賛が好きなのである。

その一方で、ある年齢を過ぎた私が来し方を顧みるならば、仕事の重要性を思わないわけにはいかない。自分の性格は仕事と結び付いている、という気がするくらいだ（ちなみに私の職業は書籍の校正である）。ここでいう仕事とは、なにも創造的なworkだけではなくjobであってかまわない。先日、朝日新聞（二〇一七年十一月十六日朝刊）で、米国オハイオ州マホニン

グ郡の民主党委員長へのインタヴュー記事を読んだが、彼デヴィッド・ベトラス（David Betras）は、二〇一六年大統領選での敗因を民主党幹部のエリート主義にあるとして、「配管工、美容師、大工、屋根ふき、タイル職人、工場労働者など、両手を汚して働いている人に敬意を」と述べていた。働く人にとって重要なのは「自分の仕事に誇りを持って引退できるか」だとも。ところがフーリエの汎性愛主義の世界では、生産性が高まって供給が満たされているという設定のもと、労働が苦役のように考えられているふしがある。『産業の新世界』をまだ読んでいないのでこれは誤解かもしれないが、少なくとも『愛の新世界』ではフーリエは性愛生活にこそ至上の価値を置き、労働や仕事は二の次、なんとも影が薄い。果たして人間は恋愛に明け暮れて人生をまっとうすることができるのだろうか。

しかもここで更なる疑問がわいてくる。フーリエ本人の生涯は、恋愛や性愛に満ち満ちていたのか、という疑問だ。『愛の新世界』を面白く読んだ私は、フーリエの人生が知りたくなり、ジョナサン・ビーチャーの『シャルル・フーリエ伝——幻視者とその世界』も読んでみた。フーリエの強烈な個性を時代の思潮と擦り合わせた、じつに読み応えのある評伝であったが、読み終えての感慨は、フーリエ自身は性愛よりも仕事に没頭した人ではなかったか、フーリエこそ手をインクで汚して働き続けた仕事人間ではないか、ということだった。汎性愛のユートピアを説いたフーリエではあるが、実生活では恋愛に耽るよりもずっと大きな充実感を、思索と執筆から汲み上げていたとしか思えない。しかしながらその思索や執筆は、存命中にはおよそ報われないものであった。古びたフロックコートを着て、ベッドの脇で冷たくなっていたところを、掃除婦に発見されたフーリエ。ぽつりぽつりと詩を書いている私は、フーリエのその強靱な精神に、励まされるのである。

〈追記〉

後日、この発表をフランスのフーリエ研究誌に載せるにあたり、私が「5」で「フーリエの汎性愛主義の世界では……労働が苦役のように考えられ」としたことについて、これは誤りであって、「フーリエは『愛の新世界』でも手仕事を評価し労働を賛美している」との指摘を受けた。たしかに、農作業や木工仕事の楽しさ、料理人や古靴修理人の活躍を語るフーリエに対して、「労働が苦役のよう」「労働や仕事が二の次」などの断定は言い過ぎであった。そこで当該箇所に註をつけ、このような断定に傾いた理由として「産業革命により人々から手仕事が奪われつつあった時代に、職人仕事を賛美するフーリエの労働観が現実離れしていると思われたこと、『愛の新世界』では性愛の考察に途方もない熱量が注がれている一方、労働の側面にはそこまでの熱意が及ばず落差が生じていると感じられたこと」の二点を挙げた。

未来はオーレンカのもの

どんなに堅く身を持していても愛されてしまうオーレンカ
ランデヴゥの誘いは降る星のごとくで
モロッコ革の手帖は数字や頭文字でいっぱいだった
潑剌とした足取りでナツメヤシの並木道をゆけば
木陰には盛夏の花束をかかえて待つ求愛者たち
ゆったり蛇行しながら通りすぎる路面電車からは
鈴なりになった崇拝者たちがハイビスカスを投げてよこす
嫣然《えんぜん》とほほえんで拾い上げ髪に挿すオーレンカ
妻や恋人には花など贈ったことのない男たちが
花屋に押しかけ花園に忍びこみ

オーレンカに捧げる花束をこしらえる
オーレンカばかりがもてるのはなぜ？
かたちよく迫《せ》り出した胸のせいだろうか
（彼女はいつもぴったりした極薄のキャミソールを着ている）
洋梨形にくびれた腰のせいだろうか
（彼女はときどき下穿きをつけずに外出する）
挑発的にめくれた唇のせいだろうか
（ご馳走にもお喋りにも接吻にも人一倍貪欲な唇であった）
掌に吸いつく柔肌のせいだろうか
（触れているだけで誰でも十歳《とお》は若返る琥珀色の柔肌であった）
弾けるような笑い声のせいだろうか
（これが聞きたいばかりに脇腹をくすぐる御仁もいるとか）
離れ技も飛び出す房事のせいだろうか
（大胯びらきも難なくきめる柔構造の下半身であったそうな）
涼やかな娥眉やマシュマロの二の腕やご愛嬌のO脚や
ああ数えあげたら切りがない
こちたきほど魅力爆発のオーレンカであった

さあればこそ
老残の風雲児も
風まかせの鳥刺《とりさし》も
鳥語で囀《さえず》る煽動家も
性革命博物館の守衛も
しとねの覇者の拳闘家も
不能を気にやむ果樹園主も
金柑楽団のコルネット奏者も
ざくろの手榴弾のパルチザンも
贋金造りに憑かれたアルチザンも
金の脳味噌をこそげて使う錺《かざり》職人も
黄金カスティラ工法を提唱する棟梁も
震える手で死体を黄金分割する解剖医も
女たちの分寸把握に血道をあげる演出家も
女たちのお尻に獣帯十二星座を彫る彫物師《ほりし》も
さざえのカンテラを提げて金剛石《ダイアモンド》を掘る坑夫も
ブリリアントカットのブリオシュを焼くパン屋も

みんながオーレンカに求愛し
みんながオーレンカと交際中だった
つまり身を堅く持しているオーレンカは
選り好みなく申し出を受けるオーレンカであり
相手を見て怯《ひる》んだりしない勇敢なオーレンカでもあった
誰かのやさしい年上の良人であろうと
誰かの頭の切れる婚約者であろうと
愛されたら二倍も三倍も愛し返すオーレンカ
病床の老人とも教室を逃げ出した路上少年とも
証券取引所の小金持ちとも貧民窟の断食芸人とも
いちはやき恋をなんしけるオーレンカ
無差別無制限無尽蔵全方位はオーレンカのアティチュードであった
躊躇なし秘密なし私情なしガラス張りはオーレンカのプリンシプルであった

ところでオーレンカには人格者の夫がいる
オーレンカに惚れこんで

「うちのかみさんのすることに間違いなし」というタイプ
オーレンカの多忙をよくわきまえて善意を逆らせ
たまさか帰宅する妻のために鉢植えを育てるわ
リュートを爪弾いて迎えるわの夫であった
かたや増えつづける情人たちのほうだって
分け前が回ってこようとこまいと温順《おとな》しの構え
忠犬のようにオーレンカとの逢引を待ちわびて
レストランやら貸別荘やら下調べに奔走するひたむきさであった
夫と情人たちとがかくも奥床しく哀歓を分かちあうこと幾歳月
オーレンカにしてみればもともと意味のない結婚と情事の境目は
いよいよ曖昧にいよいよ幽《かそけ》くなっていった
いまや夫と情人たちにとってもその境界は繊《ほそ》き一線
薄れゆく傷痕のごとく目を凝らしてもそれとは見分けられぬほどだった
だがここで女たちの側から事態を見るならどうだろう
彼女らはいかなる覚悟で耐えがたきを耐え忍びがたきを忍んだのか
良人や恋人をオーレンカと共有することになった女たちは
はじめこそ動転し萎《しお》れもすれば煩悶したりもするのだが

あにはからんや平均三百グラムほど痩せて女ぶりを上げると
雄々しく立ちなおって日常生活に復帰する
「相手が強すぎたのであって私が負けたわけじゃないもの」という理窟
それに男たちとオーレンカがどれほど気安くなろうとも
女たちは妻なり許嫁《いいなずけ》なりに留まりつづける
なぜなら男たちはオーレンカのコンヴァーチブルで遠出をしながら
彼女たちとのコンパニオンシップを手離そうとはしないから
だとすればどこに不都合があるというのか
良人や恋人が居たり居なかったりする不確実な夜の待ち遠しさよ
慣れてみるとどちらにしても翌朝の目覚めは爽快で
心臓ひとつぶん軽やかになった躰で踊りだしたいくらいだった
というわけで誰もオーレンカを恨んではいない
それどころかオーレンカがいなかったら
人生はどれほど単調で無味乾燥だったことだろう
男も女も口にこそ出さないが
オーレンカの面影をあいだに挟んで愛の行為に耽るときには
この人生の妙味とやらを貪れるだけ貪っていたのである

つまり出づっぱりで求めに応えるオーレンカは
ひと言の弱音も吐かず酷使に耐えるオーレンカであり
男主人からも女主人からも搾り取られるオーレンカでもあったのだが
どっこい搾られても貪られても擦り減らないオーレンカであったから
男主人女主人の搾取を笑い飛ばして笑いが止まらないという
こちたきほど健康爆発のオーレンカであった
となるとどこに不都合があるというのか？

「女の子の名前はみんなオーレンカ」という傾向
数年来深くひそかに漸進してきた悦ばしき傾向が
この夏一気に芽吹いて世はオーレンカの花盛りである
避暑地へ向けてシトロエンのハンドルを切る大オーレンカも
颯爽とステップを踏んで目抜き通りをゆく中オーレンカも
山の分教場の校庭で一輪車を乗りこなす小オーレンカも
女の子の名前はみんなオーレンカで
強い陽差しの真下でも彼女たちには影がない

きょうからあすへ増えつづけるオーレンカは
いったいどうやってオーレンカになったのか？
ぜんたいいつまでオーレンカでいるつもりなのか？
こちたきほどの魅力と健康がひとつまたひとつと朽ち果てても
オーレンカはオーレンカでありつづけるのか？
かにかくに人は問うとも
影のない女は朗らかに笑い転げて笑いが止まらない
語義矛盾など歯牙にもかけず
乾坤一擲を百回も千回も繰り返して遠くまでゆく
（口先ばかりのわれわれがただの一回もなしえなかったこと）
愛されたら二倍も三倍も愛し返すオーレンカ
いちはやき恋をなんしけるオーレンカ
晴れて虎の尾を踏むオーレンカ
未来はオーレンカのもの！

いのちを分かちあう食卓

――山崎佳代子『パンと野いちご――戦火のセルビア、食物の記憶』

スヴェトラーナ・アレクシエーヴィチは『セカンドハンドの時代――「赤い国」を生きた人びと』の訳者あとがきに引用されたインタヴューで、自らの〈聞き書き〉という手法について、こう語っている。「わたしをいつも悩ませていたのは、真実はひとつの心、ひとつの頭のなかにおさまらないということ。真実はなにか細かく砕かれていて、たくさんあり、世界にちらばっている。それをどうやって集めればいいのかということ」。人々の証言の一つ一つは破片でも、それが並べられ重ねられたその先には、戦争や原発事故やソ連崩壊など、時代を揺るがす事態の真実が見えてくる。

『パンと野いちご――戦火のセルビア、食物の記憶』も、聞き書きの書物だ。一九九一年夏に勃発し十年ほど続いた内戦で多民族国家ユーゴスラヴィアは解体したが、戦乱の日々を人々はどのようにくぐり抜けたのか、その記憶を食物を軸に掘り起こそうとする対話である。

なぜ食物なのか。難民となった人々、彼らを迎え入れた人々にとって、なにより大切なのは食卓を囲むこと、分けあって温かいスープを飲み、人心地を取り戻すことだ。もともと口承文学の伝統があるセルビアゆえ、スープの湯気が立ちこめる部屋では、誰かしらが語り出す……。

本書に響く四十数名の声は、内戦から二十年を経た現時点での回想、いわば語り直しである。著者で聞き手の山崎佳代子は行く先々で、当時を思い出させる手料理に出会う。さあプーニェナ・パプリカ・サ・メーソム（肉詰めパプリカ）を食べて話しましょう、というぐあい。語り手の多くはクロアチア、ボスニア、コソヴォなどを出て難民となった人々だが、とりわけ一九五〇〜六〇年代に生まれた世代の話が興味深い。彼らはユーゴスラヴィア時代に育ち、壮年期に国家の分裂を体験している。さらに彼らの親は、ナチス・ドイツの占領、チトー率いる人民解放戦線の抵抗、社会主義連邦共和国の成立と、激動の前世紀を生きた人々なのだ。たとえば六〇年生まれで高校の歴史教師ダルコ・ラドゥーロヴィチの口からは、ほぼ百年のバルカン情勢が祖父母の逸話を交えて語られる。

驚くのは、本書のそこここに見られる人々の助けあいだ。空爆で家を失った親戚や友人がいると「じゃ、うちに来れば？」と声がかかる。決して広いとはいえない家に二十人あまりが暮らすこととなり、台所では大鍋が大活躍だ。セルビア人のダルコも、クロアチア人寡婦の大家に庇われて生き延びている。そんな助け合いを象徴するのが、Ⅳ章に示された詩だろう。

買い物に出たけど、何も買えなかった
黒豚が、私たちの横を狂ったように駆け抜けて行った
通りには旗がたくさん翻り、私たちは勝ったのかしらと思った

妹は、通りには出ないでと頼んだ
草を食むようにと、馬を放してやると、こちらを向いて涙をこぼした
ものがあったとき、ものがなかったとき、それをこの詩から思い出した

カーテンはもうカーテンではなく、床も床ではなかった
そのまま眠った、雨が降り続けた
私は八歳だった
息子と逃げ出した、息子の命、自分の命が心配で

でもなんとかいつも、パンが見つかった
パンは魂のように香った

パンの香りは私たちを目覚めさせ
私たちに語りかける
たとえどんな人生であろうとも
人生を夢見て、人生を思い出し、人生を愛しなさいと

この詩は食物のこと
みんなで分け合う食べ物、みんなで分けあうパンのこと
パンは、魂の香りをしている

タイトルも未だ無い詩は、かつて難民センターに身を寄せた女性たちが、二〇一五年に再会した折、そのうちの一人がみんなの話から言葉を書きとめ、繋ぎ合わせたもので、いわば共同で作られている。二〇一八年八月七日、在東京セルビア大使館で開かれた本書出版記念の催しで山崎がこの詩を朗読すると、パンの香りを魂にたとえる芯のとおった内容と、それでいて胸のすくような飛躍もある豊かなイメージの奔流に、聴衆からは感嘆のため息が洩れたのだった。

叡智をふだん着のようにまとい冒険へ出かけた人

――『須賀敦子さんへ贈る花束』

北原千代

一九九〇年、『ミラノ 霧の風景』を読んだ人々は、未知の書き手の鮮やかなデビューに目をみはった。文芸誌では見かけたことのない名前。それなのになんと堂に入った書きぶりだろう。運転席のドアを開けて、路肩の白いラインを目で確かめながらでないと走れないほどに立ちこめたミラノの霧を描く冒頭から、読者は須賀敦子が暮らした一九六〇年代のイタリアへと連れて行かれる。エセーとも掌篇小説ともいえそうな十二篇は、いずれも須賀自身の記憶を核にしながら歴史や社会や文学へと深く分け入る内容で、いったい著者はどんな人生を歩み、どんなふうに教養形成を成し遂げたのか、読み終えるころには須賀本人をもっと知りたくなる書物であった。訳書があることを知って、それ以前に出たナタリア・ギンズブルグの『ある家族の会話』を手に取った者もいただろう。私も喚起力のある文章に触発されて、翌年にはイタリアへ出かけている。とりわけ、直喩を多用しながらぎくしゃくしない文体に魅せられた。須賀の比喩が、風変わりすぎず凡庸すぎない、ビザールでもバナールでもない、絶妙な文学的センスで統御されていたからだ。比喩は虚構化の梃子である。よく似た姉妹を「同じ窯で焼かれた磁器の人形みたい」と表現した瞬間、事実として似ているローザとボーナは、現実から切り抜かれて物語の世界に嵌めこまれる。

私が〈喚起力〉とした須賀の文章の特長、まるでその場に居合わせたかのように思わせる表現力を、北原千代は「息づかいのじかに伝わる、語りかけるような文章」と捉えている。北原が須賀の著作を手にしたのは、歿後に刊行された書評集『本に読まれて』が初めてとのこと、遅れてきた読者といえそうだ。しかしまさに幸福な出会いである。北原は須賀の薦める本を図書館から借りては楽しみ、半面、自分が惹かれたのは実際の本ではなく、それを評した須賀の文章だったと悟る。

気がついたら「須賀敦子全集」を一冊、また一冊と買い求め、かつて須賀さんがシモーヌ・ヴェイユの本に「降伏の旗」のように貼っていたメモ書きの紙片さながら、色とりどりの付箋を貼りつけるようになった。あるときは降伏のしるしとして、またあるときは灯台のあかりとして。

北原にとって、須賀は二十年前に世を去った物故作家ではない、本を開けばいまも語りかける声が聞こえ、〈さん〉づけで呼ぶのがしっくりくる人生の先輩だ。『須賀敦子さんへ贈る花束』にも、須賀に似かよう語り口が見出される。対象に向けられていた視線を自分へと転じ、書き手のバックボーンを明かす書き方だ。『ユルスナールの靴』を読み解きながら、京都のバレエ団でレッスン・ピアニストを務めていた北原自身の来歴が語られ、またウンベルト・サバの訳詩を味わううち、ドイツで暮らしていたころに坂道で行き会った日本人青年の面影が呼び出される。詩作品のみで北原を知る私には、興味深い挿話だった。

また本書は須賀の人生と仕事をたどりつつ、いくつかの岐路に着目して、そこに北原なりの解釈を与えている。たとえば、信仰を紐帯とする生活共同体を修道院の外に模索していた須賀を、カトリック左派の文化拠点たるコルシア書店に結びつけ、ミラノにとどまらせた夫ペッピーノとの関係について。北原は結婚前の須賀が一九六〇年三月八日にペッピーノへ宛てた手紙を引き、二人の繋がりを考える。

この日の手紙はほんとうに長い。同じ日の手紙のなかで須賀さんは、自らの将来を言い当てるようなことをペッピーノに語っている。「観想」というのは抽象的すぎて自分の言葉ではない、むしろ「歌う人生、恩寵の冒険に捧げられた人生」というふうに表すだろう、と。恩寵の冒険に捧げられた人生、とは、まさに須賀さんのことではないか。

敗戦国日本からやってきた須賀にさえ貧しく映ったペッピーノの実家。しかしそこで培われた信仰であり文学であり人格だからこそ、いっしょに恩寵の冒険に乗り出して行ける相手だと感じた若き日の須賀の心の弾みを、北原は愛おしむように掬い取っている。

ほかにも、美しい詩的イメージ(「夜になると、「時間」はつめたい流れ星のように空から降ってきて、駅で列車に連れ去られるのを待っている」ほか)を温めながら、須賀が詩よりも散文へ向かったのはなぜか、など北原らしい考察が繰り広げられる。

なかでも北原を考えこませるのは、須賀が最晩年に友人に洩らした後悔ともとれる述懐だ。ほんとうに書きたかったのは宗教と文学についてであって、いままでのものはゴミみたい云々。誰もゴミとは思わないが、たしかに信仰の問題は断片的に語られるのみで、核心はそれこそ霧に包まれている。阪神淡路大震災と地下鉄サリン事件が起きた一九九五年を振り返りつつ、宗教と文学との距離を測るように書かれた重要なエセー「古いハスのタネ」も、イタリア中世の詩人や神秘家が次々登場する断想風な書き方で、北原はシモーヌ・ヴェイユの『重力と恩寵』を想起しているが、決してわかりやすいものではない。たとえば小川国夫の小説だと、聖書の文言が引かれなくても、作中人物の行動と言葉から小川にとっての信仰が伝わってくる。須賀が目指した書き物もそうした方向ではなかったか。

ペッピーノへの手紙を読んだ北原は「若い日の須賀さんが、あふれる気持ちをおさえかねるようにしてしたためたペッピーノ宛ての手紙は、いたずらに歳を重ねて、何かわかったような気持ちになっていたわたしの、石のような心を砕くのにじゅうぶんだった」と書いている。じつは私も頑なに、須賀の本は生前に刊行された五冊でよいと思っていたのだが、北原の熱意に促されて歿後編集の作品群を読んでみた。どれも思索の密度と文章の肌理に驚かされる。ことに谷崎の『細雪』を論じた「作品のなかの「ものがたり」と「小説」」は面白く読んだ。須賀は折に触れ、小説と物語を対比させる文学観を表明してきたが、『細雪』論では、日本古来の〈ものがたり〉的な話の運びによって描かれる雪子と、西洋的な〈小説〉作法にのっとったプロットで描かれる妙子というふうに、異質なジャンル様式を掛け合わせたところに構成の妙があるとしている。

陣内秀信との対談（「歴史的都心《チエントロ・ストリコ》を豊かに育むイタリア」）で自分のことを「好きなもののためにぐれちゃった人間」と語った須賀は、自身のうちに、生まれ育った文化圏から出奔する妙子の気質を感じていたのかもしれない。

ロマネスクの宇宙
イタリア古寺巡礼
ロマネスク美術

試金石としての〈女の半生〉
——大原富枝『眠る女』

古くさいと見なしていた文学作品が、思いがけない解釈の光に照らされて、新たな貌を現すことがある。二〇一六年の急逝が惜しまれる仏文学者・山田登世子の著作未収録論考を集めたシリーズが刊行中だが、その第三巻『女とフィクション』所収「《女》のゆくえ」のなかで、山田はモーパッサン『女の一生』について面白い見方を提示している。『ボヴァリー夫人』が〈肉の渇き〉の小説であり、『ナナ』が〈肉の奢り〉の小説であるならば、フローベールとゾラのあとに登場するモーパッサンは、『女の一生』を以て「肉体によらずに女を描くという困難な力業を成し遂げた」というのである。たしかにジャンヌの生涯は、恋愛の陶酔どころか失意の連続だ。しかし山田によれば、かつて実体と捉えられていた事象が、情報に置き換えられて自らの物質的な輪郭や手触りを失いつつある現在、肉体もまた輝きをなくしているのであり、性が過剰な関心をあおった二〇世紀を通り過ぎたのちには、「官能に依拠することなく《女》を描く小説」こそが二一世紀の〈来るべき文学〉ではないか、そして『女の一生』はその嚆矢、ということになる。なるほどと思わされるのは、私自身、世紀を跨いで世界がずいぶん様変わりしたと感じているからだ。テクノロジーと一体化した感覚が、私たちの自然観や人間関係を変えつつある今日、来るべき文学が那辺にあるのかは大問題なのだが、とりあえず難問を脇におき、いまは本棚に目を転じて、日本文学の書架から〈女の一生〉を描いた作品を取り出そう。

大原富枝『眠る女』は、何度も読み返し、函もぼろぼろに壊れてしまった特別な一冊だ。大原作品を読み始めたきっかけは、『婉という女』や『建礼門院右京大夫』を論じた吉本隆明の文学批評だった。吉本は岡本かの子と大原富枝の二人を高く評価している。興味をそそられて、そこから大原の旧作新作を読み継いでいったが、私にとって決定的だったのは自伝的な長篇『眠る女』である。一九一〇年代の高知の山村に始まり、文学を志して戦時下の東京に出てくるまでの三十年間が、ほぼ本人の来し方に沿って顧みられている。その後の長い作家歴を考えるなら、〈女の一生〉ではなく〈半生〉を綴った作品と言えよう。黍畑に分け入る姉を追いかけて見失い、泣きべそをかいた幼時の記憶から書き起こされる第一部「黍殻人形」、母急逝の寂しさも癒えぬまま、学校で担任教師や男子生徒から執拗ないじめを受ける学童期が、初潮によって幕を閉じる第二部「犬と狼の間」、ホモジニアスな小宇宙である女子師範学校を舞台に、神経を磨りつぶすような秩序の軛と、それに抗ってくすぶるロマン主義的リビドーの相克を描いた第三部「娘たちの家」、結核で退学ののち文学仲間との交流が始まり、そのうちの一人とは恋仲になるものの、青年たちは次々に応召して戦死の報がもたらされる第四部「青く青き子《きみ》が衿」と、小説は四部構成になっている。時間の流れとともに、語り手の〈私〉は、文筆で生きる道へと歩を進めてゆくのである。

先に触れた山田登世子の〈来るべき文学〉とは逆行するようだが、大原の小説には性愛の引力が満ち満ちている。どれほど過酷な宿命を背負っていようとも、人はつねに誰かに惹かれ、そのことで心は幾重にも折り畳まれるのだ。『眠る女』でも、まだ小学校入学前の〈私〉が、村祭りの草相撲で活躍する凛々しい青年に恋心を抱く。

「神力《しんりき》」という四股名を持っている草相撲に強い青年がいた。夏祭りや秋祭りの日は、まわしをつけただけの逞しい裸の上に、直かに派手な模様のメリンスの長襦袢をひっかけて、祭りの人混みのなかから頭ひとつ上に突きぬけながら、大股に歩いてくる。

長襦袢は「場所襦袢」と言って、贔屓の商店などが贈るのである。私はそれを「ばしょうじゅばん」と言っていた。村長さんの邸の裏の野井戸の畔りに、村では一個所だけ四五本の芭蕉が植えてある。あの大らかな瑞々しい葉っぱとなにか関係があるのだ、と思いこんでいる。ばしょうじゅばんの裾が筋骨逞しい彼の長い脚にパッパッと踏みさばかれて行く姿が、私に大層すばらしいものに見える。
――長芳さん、ほん好き！
とその青年を思っていて、口ではもう言わない。なんとはなしに憚りがある。それほど生々しく男臭いものであった。そろそろ私も小学校へあがる年ごろになっている。

「ほん好き！」との思いを胸底深くに匿したまま、〈私〉は青年の膣に見とれ、村の娘たちが囁く彼の噂に耳をそばだてずにはいられないのである。

女学校に上がり、十四歳から二十歳までの娘たち二百人あまりが暮らす寄宿舎に入った〈私〉は、自分一人で幾つもの筆名を使い分けて同人誌擬《もど》きのノートを作り、舎監から叱責される。また上級生で傍目にも相思相愛とわかる同性カップルに自らの夢想を重ねる。男女関係を厳しく取り締まる舎監でさえ手をこまねいている二人については、娘たちも仲間内の愛の一形式として認め、密かに快哉を叫んでいるのである。しかし半面、妊娠したある女生徒が放火の容疑をかけられる一件では、剝き出しの現実に震え上がった娘たちは、誰も彼女をかばおうとはしない。この第三部「娘たちの家」は、〈私〉が図書館の窓から山羊の出産を目撃する場面で終わる。草の上を這い回って鳴き血を流す山羊を見下ろしながら、〈私〉はとつぜん、放火で服役し獄中で男の子を産んだと伝え聞くかつての女生徒を思い出すのである。

あの事件からもう二年あまりも経っていた。忘れてしまっていた江村糸子のことが、いまなにかのっぴきならない内的な関わりのあるものとして私のなかに甦ってくる。

彼女は、あの、一人ひとりが身一つに包みかねるような、あるいは身内を灼くような、罪とは紙一重の、燃えあがり、衝きあげてくる思いを抱いて暮していた「娘たちの家」の、誰かは一人、身替りとして神にささげなければならなかった犠牲《いけにえ》の羊ではなかったろうか。

彼女も、あのように苦悶し、哀れげになきながら、たった一人、誰にも祝福されることなしに、牢獄のなかで子供を産んだのであろうか！

あのころ、一度も思いやることがなかった江村糸子の悲しみが、いま、このような形で、思いがけなく私の心を締めつけてくる。私も十七歳になっていた。

その後、肺を病んで退学し家で療養する〈私〉には、文学をとおして恋人ができる。前日に喀血して床についている〈私〉に性交を迫る恋人への、愛憎入り混じる思い。そこにあるのは〈肉の渇き〉でも〈肉の奢り〉でもなく、〈肉の哀れ〉とでもいった官能の揺らぎだ。脆くてあてにならず、それでいてしぶとくもある性愛の隠然たる力に、〈私〉も恋人も揉みしだかれている。その力に揺さぶられてこその人生だとする恋情の肯定は、大原文学を貫く支柱であろう。『眠る女』では、事象を隅々まで照らし出す明晰な文章にも注目したい。生まれた時代も育った環境もちがう読者が、その場に降り立ったかのように思わされる風景や人物の描写。小説のなかを作家の筆のままに歩き回るといった、ほとんど体感を伴う苦楽がそこに待っていて、会話で筋を運んでゆくタイプの小説では味わえない、描写の力に魅せられる。忘れまいとして生きてきた人の記憶力と、豊かな五感に裏打ちされた文章だ。黍畑の幼子を俯瞰する冒頭の一行から、異郷で戦病死した男友達を哀惜する最後の一行まで、まったく緩みなく〈女の半生〉が綴られていることに、読み終えるといつも頭の芯がぼうっとしてしまう。

これからも読み返すだろう『眠る女』だが、ただ感動するだけの作品ではない。試金石のごとく、ものを書く姿勢を厳しく問う小説でもある。前述したような文章上の技巧なら、磨くことも可能だろう。しかしその底にある人間社会への強烈な関心と深い洞察を、大原富枝のように生涯にわたって堅持し書き続けることができるのか……、読むたびに問われている心地がするのである。

二重になった世界

――中本道代
『空き家の夢』

二〇一二年に書かれたエセー「詩の血」のなかで、中本道代はこう述べている。

詩を書こうとするとき、すでに見えているものについては書かない。書き終えたとき初めて見えるようになるものを書く。それは一つの光景だが、この世界の光景そのものではない。この世界の下にある光景とも上にある光景とも言えるが、この世界と二重になっているような世界の光景なのだ。

中本の詩の根源に、世界を二重と捉える認識があることに私が気づいたのは、正直なところ詩のみの鑑賞からではない。一貫して固有名詞がほとんど出てこないその詩を読みながら、中本の眼が、社会とか世間とか呼ばれる人間中心の〈この世界〉にだけ注がれているのではないことは感じていた。しかし、では彼女にとっての世界とはどのようなものかと考えると、どうにも答えが見つからない。隠しているわけでもないのに謎が残り、くっきりしていながら捉えどころがなく、思慮深いのに放恣、神秘主義とも妄想ともとれる詩想を面白がりながらも、これが中本の詩だ、というようなエッセンスをうまく抽出できずにいた。

一つの解答が与えられたのは、二〇〇四年刊行の散文集『空き家の夢』によってである。二百ページに満たない小さな本ながら、収録された文章が見事で、幼時の回想から文芸批評まで全篇を面白く読んだ。読むうちにぼんやりと浮かび上がってきたのが、のちに詩人本人の言葉で〈二重になっているような世界〉と告げられる、見えているものの背後にもう一つの光景を感受する意識の在り方である。そうした二重性を感じると、中本はひとまず〈不思議〉と表現する。たとえば冒頭に置かれた「まちのうた――花小金井」という一篇。

そして、この新しい町はだいたいのところ清潔で健全で、わたしはふと「うたの町」という童謡を思い出す。昼間は女と子供たちの割合が高くなり、みんな穏やかに楽しそうに暮らしているように見える。ときに起こるだれかの不幸や、出没する痴漢などの不穏なうわさは、入り組みながら拡がる見えない情報網でたちまち知れわたってしまう。わたしにはこの町の暮らしの健全さ、快適さがときどき非現実的なものに思え、不思議な気分におちいる。新しいものはいつも、非現実的に見えるのだろうか。

ほかにも、廃屋の虚ろな空間を「何かまったく別種の、もう死ぬことのないいきもので充満している」と感じとる表題作「空き家の夢」や、映画『シェルタリング・スカイ』に自身の入院体験を重ね、それまで安住していた環境が崩れ、思いがけず〈外の世界〉へとさまよい出てしまう人間の変容を見つめた「覆い被さっている空」など、中本は非現実的な世界との出会いをひとまず〈不思議〉と受けとめ、そこからさまざまに考えをめぐらしてゆく。

たしかに私たちは、それまでの自分が揺らぐ経験をいくつも経て、年を重ねる。「ダリアと百日草が咲く庭に、血の匂いが流れていた。いや、そうじゃない。それは大げさだ。血の匂いはわたしの体のまわりにたちこめていて、わたしの視線がダリアと百日草の上に流れていた、それだけのことだ」と書き出される「ダリアと百日草の庭 II」の主題は、初潮だ。恋愛を非日常の磁力と捉えた「love」では、「そこでは風景も特殊な強さを持って見え、取るに足らないものも重要に見える。小さな花々が量り知れない意味を持って咲いている。巨大な太陽が沈み、風が木の葉をそよがせるのも、草の葉が揺れてはまた静まるのも、何か謎をかけているように感じられる」と、恋する者の熱に浮かされたような心性が生々しく語られる。「焼き場からの帰途もハイウエイの上にあった。世界は変わってしまっていた。わたしがこの世にあらわれたときから、ここは母のいる世界だった。そして、今はいない——同じものであるはずはなかった」と、母の死に際して誰とも共有できない孤独を語るのは「mother」という一篇。このように『空き家の夢』では、人がそれまでの自分でいられなくなり、別世界へと入りこむ契機がいくつも示されている。別世界は遠くにではなく、すぐそこに存在する。初潮を迎えた小学生が、「知らないわけではなかった。なのに、自分の身に起こることとは思わなかったのだ。もっと、ずっと先、いつかわからないくらい先、のことだと思っていた」と洩らすように、気づいたときには直面しているのが別世界だ。

そして別世界の究極は、そこへ越境した人が決して還らない死だろう。『空き家の夢』のなかでも一読忘れがたい「august」は、死をめぐる随想だ。中本の故郷である広島の八月は、六日の原爆投下、十五日の敗戦、同じ日のお盆があって、炎暑のうちに死者の記憶がよみがえる季節、死の国への通路が開く季節なのだから。祖母の住む山村で過ごした夏休みを語るくだり。

その村は浄土真宗の色が濃くて、祖母は朝晩の仏壇のお参りを欠かさず、どの家にも座敷の奥に仏壇があり、果物や菓子のお供えが載っていた。家のまわりには花畑があって、いつもそこから切ってきた花々が飾られていた。仏壇の中には何人かの写真が立てられていて、「これはだれ？　これはだれ？」と聞いては不思議な気持ちになるのだった。お菓子も乏しいような村だったので仏壇のお下がりのお菓子を楽しみにしていたけれど、それは砂糖の塊のような奇妙な噛み心地で、噛まないように口の中で溶かしていくとやっとおいしく思われるのだが、それはおいしいとか好きとか言うことはできないような、仏性を帯びた食べ物に思われた。簡素な農家の家の中でそこだけ豪奢に見えた、漆で塗られ、金箔を貼られ、さまざまな複雑な飾り物が下がり花々で彩られ蠟燭で照らされた空間は、それ自体は小さいけれども、荘厳で広大な世界への入り口に思われ、わたしたちが何をしていようとそれはいつもそこにあり、またどの家にもあるのだった。

仏壇には原爆で死んだ若い叔母の写真も飾られている。祖母は、十八歳だった叔母を捜して投下の翌日に爆心地に入ったが、見つけられなかったという。中本は原爆の話を聞きたいと思うのだが、大人たちが語ることは断片的でとりとめがなく、焦点を結ばない。人々の目が盲いてしまうような八月の苛烈さについて、中本はこう書いている。「八月は光の鋭い刃でこの世界を切り裂き、その裂け目から向こうの世界が、人間には耐えることの出来ない不吉で巨大で強烈なものが、突如姿をあらわすかのようだった」。

そして向こうの世界への入口は、青さを増した空の下で毎日繰り広げられる、子供たちの川遊びのただなかにも開いている。冷たい水で唇を紫色にした子供たちは、熱く焼けた大岩に体を押しつけて暖まると、ふたたび川に飛びこんでゆく。

わたしたちはよく、淵の中に陶器のかけらを投げこんで潜って奪い合う、という遊びをした。水の中で陶片はほの白い光を放ちながらゆらめいて落ちていき、子供たちの小さな手がそれを求めて水中でゆれる。それは息のできない世界に入ってもがきながらゆれる、子供たちのまだでき上がっていないからだの先にあるものだった。それらの未完成なからだは水の中で蒼白く発光するかのようであり、見慣れた友達の顔も奇妙に膨らんだ形になって、わたしたちが生きられる世界から出てしまっていることを告げる。そのとき、ありふれた陶片は水底の神秘な砂の上で、この世にはあり得ぬものへと変わっていたのだ。

この名篇「august」は、十四年後の詩集『接吻』では「日付」というタイトルの詩に生まれ変わるのだが、そこでは地名や日付は外され、原爆投下は〈閃光〉と記される。事物から属性や固有名をそぎ落とすことが、中本の詩法の一つだといえよう。

最後に『接吻』から、私が強く別世界の気配を感じる詩「帰郷者」全行を引く。

山裾の傾斜地はきちんと区分けされていたのに
田畑の境目があいまいに崩れ
崖の道は尖りを失い
なだれ始めている

夜には猪が押し寄せてくる

猪たちの棲みかを見たことがない
山の奥の人知れぬところ
猪の家族は睦みあうのか

吊り橋の下を谷川が流れ
水音が夕暮れを呼び続けている
冷えていく血族の魔
空ばかり明るい夕暮れの下で
追いかけてくる人の瞳が
猪の色をしている
振り向いたこちらの眼は
猿の色をしているだろうか

ぶどうの果汁を叔父と
風の吹く野原で飲んだ

遠い日
谷川の石の下に埋めたノートから
小さな秘密の文字の群れは流れ果てていったか

黄昏の国、とても呼びたい世界で、人と獣、叔父と姪のあいだに開かれる回路。秘密の文字の一列は、いまもどこかで急流をくだっているのだろうか。

素晴らしい低空飛行

――稲垣足穂〈飛行機もの〉あれこれ
――ブルース・チャトウィン『黒ヶ丘の上で』

操縦桿にしがみついて機体の微妙なバランスを取りつつ、森や海や町を目視しながら、気流を読んで滑空する低空飛行。胆力も技術も試される冒険的な低空飛行にときめきを覚えるのは、稲垣足穂の飛行機ものの影響が大きい。足穂にとって愛しの飛行機とは「ライト兄弟から十年間、第一次大戦直前まで」(「二十世紀の『箒の柄』――飛行者の倫理について」)のクラシック・エアプレーンである。パイプやシリンダーやヴァルヴが機械油にまみれて絡みあう発動機と、ゴム引きの布を張った翼から出来ていた複葉機や単葉機であり、機体名でいうなら、一九〇三年に世界初の有人飛行を成し遂げた「ライト・フライヤー」、一九〇六年ヨーロッパ生まれの「サントス＝デュモン14ビス」、一九〇九年に英仏海峡を横断した「ブレリオXI」、同じく〇九年に乗客二人を乗せて飛行した「アンリ・ファルマンIII」、翼果に発想を得てイゴ・エトリッヒが設計した「ルンプラー・タウベ」、アメリカらしい合理的なデザインの初期カーチス機あたりだろうか。これらの飛行機は未だ発展途上で不十分な機能しか持たず、不安定。しかしその危なっかしさが足穂を惹きつけたのだ。

関西人が初めて飛ぶ飛行機を目にしたのは、一九一一年にアメリカのボールドウィン飛行興行団が、マニラ方面巡行の途中に立ち寄って、大阪城東練兵場で行った飛行ショーによってであったが、十歳の足穂は見ていない。彼が初めて飛行を見物するのは、その翌年である。

私が最初に見た飛行機は、アメリカ製の水上機でした。太い竹筒が燃えてつづけさまにハレツしているような恐ろしい音や、そんな機械の廻転と共に空気を切りはじめたプロペラーの威力に、私はすっかり度胆を抜かれてしまいました。しかしやはり活動写真で観たそれのように高くは昇らず、海の上をあっちこっちに白波をけたてて走り廻ったあげくに、帆前船のマストをかすめて、大きな危っかしい輪をえがいて飛ぶのでした。それだけに、そこには自分の心に満足をあたえるある現代的な、冒険的な、ロマンチックなものがありました。それは心の中で探し求めていた或物でした。そしてこみ上げてくる会心の笑を、私はおさえることができませんでした。

（「ファルマン」）

これは一九一二年六月に須磨天神浜で開かれた、神戸新聞社主催飛行大会の見学記である。アメリカ人飛行家アトウォーターがカーチス式水上機を操縦して、低空も低空、海面すれすれの低空飛行を披露した。一九一〇年代初頭は、陸上機でも数十メートルの高さでの滑空が〈飛ぶ〉ことだったのだから、高度一万メートルを飛行する現在のフライトとは質的に異なっている。

当然のことながら、低空の危なっかしい飛行では、墜落も避けられない。足穂は旧制中学時代の弁論大会でも飛行機事故と飛行家の死をテーマに語り、またのちに幾つもの文章を書いているが、なかでも武石浩玻の墜落死については繰り返し言及している。事故は、須磨天神浜での飛行大会からさらに一年、一九一三年五月四日に起きた。アメリカで飛行術を学んだ武石浩玻は、持ち帰ったカーチス機で日本初の京阪都市間連絡飛行に挑み、雲ひとつない晴天の同日、午前十時二十二分に鳴尾競馬場を飛び立った。十時四十分には大阪城東練兵場に降り立ち、二時間後の午後十二時三十一分に京都の深草練兵場へ向けて離陸する。深草練兵場上空に現れた機影が下降を始め、成功かと思われたそのとき、機体が傾き、練兵場に詰めかけた数万人の観衆の注視するなか、急角度で墜落、十二時五十五分のことであった。武石は意識不明のまま病院に運ばれて、午後二時に絶命、帰らぬ人となってしまう。この日、十二歳の足穂は腹痛で鳴尾に出かけられず、家で臥せっていたところ、夕方に「武石氏墜落」を号外で知った。足穂本人も飛行士に憧れる年頃であったから、二十八歳で命を落とした青年飛行家の面影は、よりくっきりと記憶に刻まれたのだろう。事故から十七年経った一九三〇年にも「春風に微笑したこの飛行家の口髭のある顔は何故か神秘だ。以来さまざまな飛行があったけれども、武石氏の飛行にはそんなものには見られぬ或物があったというのは、私だけが感ずることだろうか……」(「懐しの鳴尾時代」)と回想している。

ブルース・チャトウィンの長篇小説『黒ヶ丘の上で』を読みながら足穂の名が浮かんだのも、飛行機事故が介在してのことである。小説の主人公で双子の片割れのルイス・ジョーンズが、飛行機事故の新聞記事を熱心にスクラップしているからだ。ルイスのこの趣味は小学校時代に始まっている。

そんな時期、ルイスは降って湧いたように飛行機に興味を持った。ミス・クリフトンが理科の時間に、ムッシュー・ブレリオが英仏海峡を飛行機で横断した話をした。そのとき先生が黒板に描いた単発飛行機の図から双子が連想したのは、機械仕掛けのトンボみたいなものに過ぎなかった。

ところが一九一〇年六月のある月曜日、アルフィー・バフトンという生徒が、週末に見聞した大ニュースを教室にもたらした。土曜日、両親に連れられてウースターとヘレフォードの合同農産物品評会を見学に行ったさい、飛行実演を見たというのだ。ムッシュー・ブレリオが乗った単発飛行機の実物を見たばかりか、墜落事故まで目撃したという話だった。ルイスはそれからの一週間、『ヘレフォード・タイムズ』の最新号が届くのをわくわくしながら待った。

一九一三年五月、それが最後とも思わずにカーチス複葉機に乗りこんだ武石浩玻の雄姿を、足穂は見逃してしまった。ルイスもまた、墜落事故を見損ねて残念がる。出だしの躓きからいっそう昂じた足穂の飛行機熱を、ルイスもまた共有していたのではないだろうか。気になってルイスの生年月日を割り出してみると、一九〇〇年八月八日。足穂は一九〇〇年十二月二十六日の生まれだから、小説中の双子と足穂は同い年なのだ。足穂は自分の生まれた一九〇〇年についてこう書いている。

私の誕生は廿世紀の初頭である。それはライト兄弟が彼らの最初のシャヌート式滑翔機をキティホークの砂原へ運び出し、またツェッペリン伯の第一号飛行船がはじめてコンスタンツ湖面に細長い円筒形の影を落した年でもある。更に年末になって、自分が生れ出る二週間前には、原子力時代の扉をひらいたマックス・プランクの量子常数hが発表されている。

（「未来派へのアプローチ」）

つけ加えるならば、一九〇〇年にはパリ万博が開催され、フロイトの『夢判断』が出て、サン゠テグジュペリが生まれ、ニーチェが死んでいる。その一九〇〇年に生まれた足穂と双子はぴったり同じ時代を生きてきたことになるのだが、両者が育った環境は大いにちがっていた。足穂が日本のなかでもとびきり裕福でモダンな神戸に育ち、新世紀の開明に包まれていたのに比べ、『黒ヶ丘の上で』の舞台は、二〇世紀を迎えてなお、産業より農地、教育より信仰を重んじるウェールズ地方である。それでも女たちは、双子の聡明な母で読書家のメアリー、領主の惣領娘で自動車を駆るナタリー、父無し子を育てる逞しいロージーなど、進取の気性に富んでいるのだが、男たちはというと、二つの世界大戦を経ても生き方を変えようとしない頑固者ぞろい。生まれた土地から一歩も出ずに生涯を終える土着農民の物語だ。

一九七七年のデビュー作『パタゴニア』で、英国文壇に彗星のごとく登場してから十二年、オーストラリア、西アフリカのベナン、中国雲南などを歩いては書き続けた旅の作家チャトウィンが『黒ヶ丘の上で』のような世界を描いたことに、私も最初は意外の感を持ったが、読むうちにこれもまた二〇世紀の一面なのだと思えてきた。

「パタゴニアの砂漠は砂や砂利の大地ではなく、擦り潰すとつんとした匂いを発する灰色のイバラの藪である」と書いたチャトウィン。前のめりに南米大陸南部を踏破した若者の文章からは、荒っぽい毛刈り職人の手で丸裸にされた羊の、乳首からしたたり落ちる血の生温かさまでが伝わってくるようだ。辺境をさすらうチャトウィンのバックパックには、英訳版『奥の細道』が入っていたという。芭蕉を愛読していても、足穂は知らなかったであろうチャトウィンに、双子の片割れルイスと同じ年に生まれ、初期飛行機にロマンティシズムを感じた男が東の果てにいたことを教えたい……と思えども、私たちは、紀行文学に新風を吹き込んだこの作家がすでに世にないことを知っている。チャトウィンはエイズに斃れ、一九八九年一月、四十八歳で南仏に歿しているのだった。

篋の底の詩

『神西清全集』第一巻

神西清の名を最初に意識したのはチェーホフの翻訳者としてだったが、その流麗な訳文に親しむうち、ふとひらめいたのは、もしかすると小学生のころ夢中になって読んだロシア民話の一篇も、同じく神西の手になるものではないかということだった。確かめてみると、児童向けの文学全集に入っていた『石の花』は、果たして神西の訳である。モスフィルムが総力を挙げて戦後世界に送りだした天然色映画のほうで名高い『石の花』だが、原作は、ウラル地方で小学校教師をしていたパーヴェル・ペトローヴィチ・バジョーフが鉱山に伝わる昔語りを採話し小説に仕立てた作品で、厳密にいえば民話そのものではない。子供だった私は、そこに民話を超えた文学的香気のようなものを感じて、この物語の虜となった。もちろん文学的香気などという言葉は子供の語彙にはなかったし、訳者が神西だということも、いや、外国の物語はみな翻訳を経て目の前にあるのだということすら、わかってはいなかった。わからないまま子供は『石の花』にのめりこみ、神西の訳文に陶然としていたのである。たとえば、いやいやながら孤児を徒弟に採った石工の親方が、少年の思いがけない才能に驚き、だんだん愛しくなってきて、とうとう「神変ふしぎな石工さん」と呼びかける場面。しんぺん・ふしぎな・いしくさん……四・四・五音のリズムの、なんとやさしげなことだろう。これから自分の技のすべてをこの子に教えてやろうと腹を決めた老名匠の心躍りが伝わってくる。また「よくさえずるかわらひわと、はしっこいべにすずめ」のような対句表現にも惹きつけられた。しぜんに覚えて頭のなかで鳴らしたくなる。日本語の詩に音楽性を導き入れようと格闘した萩原朔太郎を高く買う神西らしい、言葉の響きに心を砕いた翻訳だ。

今回「四季派学会会報」に書くにあたり、四季派の詩人の誰を取り上げようかと迷いながら、ではこの機会に神西の詩を読んでみようと思いたった。神西は一九三三年から四六年まで、第一次、第二次、第三次の「四季」にぽつりぽつりと詩を載せている。これまで読んだことのない詩をまとめて鑑賞することで、文人翻訳者のちがった貌をそこに見出すことができるかもしれないと考えたのである。

ロシア文学の弟子・池田健太郎は、碩学の師の仕事を顧みる文章「神西清の翻訳」で、「神西清は、詩人、作家としては生前はなばなしい成功に恵まれなかった。詩は詩人として多少つつましすぎる美徳の為に篋底《きょうてい》ふかく秘められ」と書いている。篋の底の詩は現在、文治堂書店刊行の『神西清全集』第一巻で、一九一八年から年代未詳の作品まで百二十数篇を通読することができるが、読んでみて感じたのは、率直にいって思いのほかナイーヴ、ということだった。孤独や憂愁、女性への思慕を歌った短い詩が多い。後期には長めの散文的・叙述的な詩が混じってくるのだが、全体としては季節に心情を投影した抒情詩といえよう。「四季」と神西の関わりという観点からは、詩作品中、第二次「四季」十六号(一九三六年春季)掲載の「智性」や「安子」を引くべきかもしれないが、先のナイーヴという印象を伝えるためには、若書きのみずみずしい詩篇を挙げるのが適しているように思われる。一九一八年に書かれた十代のころの詩「初夏の夜」。

初夏が来た、
水色の星が一つ、しきりにまたたく。
大気は涼しい風に絶えず揺られてゐる、……
………その揺籃の中に
やがて生れ出るであらう夏が静かに眠つてゐるのだ。
すき透つた微風は、総べてのものを倦怠から覚ます。
初夏が来た。

——五月八日

×

快よいことは
初夏の夜
水色の星をみつめること、
そして、星の精のやうな少女が
恋人の青年と
甘い囁きをかはしながら
通り過ぎるのを
祈りつつ見送ること。

——五月十日

自分が少女と行くのではなく、恋人たちを見送るというスタンスが、いかにも神西だ。詩世界が立原道造に似ているとも感じられた。

立原道造との関係でいえば、神西は第二次「四季」五十五号（一九四一年三月）に詩人論「鹿の記憶など」を載せている。立原の歿後に綴られた文章で、信州追分の油屋旅館の風呂場で勢いよく戸を開けた瞬間に、内と外とで自分と立原が危うくぶつかりそうになった一場面から書き起こされており、そのときに裸体の立原を「眼前へさつと躍り出た一匹の若い牡鹿かと思つた」という回想から、タイトルがとられている。立原について書かれた評論ではあるが、読んでいるうちに神西が自身の詩作の理想を綴ったようにも受け取れる内容で、興味深い。またこの文章には、彫琢鏤骨のすえにその苦心をみじんも感じさせないしなやかな日本語になっている翻訳文とはいささか趣のちがう、神西の散文の別の一面——とにもかくにも言葉を尽くして精緻に語るというスタイル——がよく現れていると思われるので、少し長くなるが引用したい。

立原君。君の詩が新しいか古いか、そんな事はもとより僕の知る限りではないし、べつに知りたいとも思はない。エレディヤの愛好したあのソネットの詩形、それをどういふわけで君が愛好したかも僕は知らない。ひよつとしたらそんな好みの中には、寧ろ古めかしい上品な趣味が、丁度君が自分の詩集の為に選んだ可愛らしいあのカットのやうに、鏤めてあるのかも知れない。今さら君を新しいなどといつて騒ぎ立てる批評家や詩人たちは、多かれ少なかれ象徴詩派の霧のかかつた抒情の世界に息づいたことのある人々で、それが生粋の浪漫詩風への思ひきつた君の飛翔を見て、恰も光に打たれた盲者のやうな羞明を覚えたのかも知れない。……この想像はどうやら当つてゐるやうな気がする。象徴のしめつぽい森の気を吸はずにすごした君の青春、ましてやこの国の低湿な風土に毒されずに来た君の智慧、ここに君の一ばん誇つていい新世代人らしい爽かさがあつた。君の詩は柔軟ではあるが、必ず或る明確な、造塑的な楽音から成り立つてゐて、そのイマージュは流れず褪せず頽れず、牧笛のやうに彼方へ移ろひ去ることもなしに、例へば象牙の膚のやうな滑かな光を含みながら、稍々重たげに空中に漂つてゐる。童児の歌のもつ具象的な美しさがそこにはある。ほかの詩人の作品から君のソナティネに眼を移すときに生ずる戸迷ひの感じは、音楽に譬へていへばドビュッシー、フォーレ、フランクとこのへんまで遡つて行つた途端に、いきなりモーツァルトの世界へつつぱなされた時のやうな、突然なひろびろとした無心の喜悦感に似てゐるやうな気がする。これは解放と豊醇の感じなのだが、時として人はそこに新しさを錯覚しがちだ。

年少の詩人の早世を悼む気持ちがあふれて、ほんらい神西の嫌う感傷がかすかににじむ文章ではあるが、見るべきは新しさではなく美である、という主張へとひたむきに上りつめてゆくところは、神西らしい筆法だろう。

今回、『神西清全集』を覗いて面白かったことの一つが、第一巻の附録として挟まれていた座談会であった。もともとは「『表現』第二巻第七号昭和二十四年七月号所載」とあり、出席者は釈迢空、日夏耿之介、三好達治、神西清の四人、テーマは「日本詩歌の諸問題」。豪華なメンバーだが、七十年を経て読むと、日本語に脚韻はなじまない云々といったかなり素朴な議論で、お酒が回った後半は放言も飛び交い、なんともくだけた雰囲気だ。座談の終盤、釈迢空が「日夏さんと私は、私たち二人だけを中心にして考へますと、われわれは学問の方に逃避してしまつて、本当の文学を作らなければならぬ時代に作らなかつたといふやうな気がします」と発言し、それを神西が「日夏先生、一言なかるべからずですね」と受けている。一言あってしかるべき、では、日夏先生に応答を強いるようで失礼、そこで謙譲の言い回しにユーモアを交えて「なかるべからず」と言ったのだろうが、いま、こういう言葉がすらっと出てくる人はまずいない。ここにも日本語の変化を見る思いがする。神西が生涯にわたり憂えたにもかかわらず、日本語はいつの時代も変わりつつあるのだった。

放浪の歓び

素九鬼子
『旅の重さ』

心が塞ぎ厭世へと傾く日々に、書棚から取り出す一冊の本がある。素九鬼子『旅の重さ』だと明かせば、一九七〇年代を生きた人々からは、ああ、と同意の声が聞こえてきそうだ。

全篇に潮風が吹きわたる小説は、十六歳の〈わたし〉が夏休み前の期末試験を放り出し、一人親で男関係の絶えない母にも告げず、出奔するところから始まる。三日後、伊予新居浜の母の元に手紙が届く。海岸伝いに歩いて四国を一周するつもりであること、春に入学したばかりの高校に戻る気はないこと、画家の母に抱く批判と愛着のいずれからも距離をとりたいこと、野宿の旅なので母からの手紙は受け取れないが次の便りを待つように、などと母をなだめつついなすふうなことが書かれていて、この書簡体小説の導入部となっている。

第二信以降は、白いトレーニングパンツでお遍路さんに紛れたつもりの〈わたし〉が、リュックに合羽姿でパンや桃を囓りながら、宇和島から山を越し土佐へと入る旅が綴られる。眼を見開いての観察から立ちのぼるリアリティが、詩に接近するようなみずみずしい文章だ。

足摺岬の漁村では、旅芸人一座との出会いが待っている。村のお堂で興行を打つ松田国太郎一座が、その夜の出し物を阿吽の呼吸で練り上げてゆく手並みが興味津々に語られ、座員五人の人物描写もうがっている。幾日か一座と寝食を共にするうち、〈わたし〉は両肩に彫り物を入れた座長の松田に惹かれるものの、人生に燻されたような五十男は小娘など相手にしない。思いがけず藁束の陰で烈しい抱擁を交わすようになるのは、座員のうちでも年齢が近く、パンツ一枚の海水浴でうちとけた政子だ。〈わたし〉は政子が相手に肉体を投げつけてゆくそのすさまじさに圧倒され、そこに純粋な性欲や本能が太陽のように輝いているのを感じる。不純物のない生粋の関係だからこそ、政子との別れに悲嘆はそぐわない。一座を離れる日、行為のあとで皺くちゃの千円札を差し出して「これ持って行かんかいや」と言う政子の目に涙はなく、「いきいきと炎《も》える瞳が非常に印象的でした」と〈わたし〉は母に書き送っている。

どこまで続くかと思われた旅だが、清水の町を前に夏風邪を病んだ〈わたし〉は、寺の境内で倒れているところを初老の男に助けられ、家具調度もない貧乏長屋で看病される。港の漁業会社で働く男との奇妙な共同生活は、恢復した〈わたし〉が男にのしかかっていったのを境に変化する。〈わたし〉が男に逆立ちを教える場面。

男が唾をつけた手を畳に突こうとしたとき、わたしは男の上に勢いこんでたおれていったの。男はちょっとびっくりした顔でわたしをのぞきこんだわ。わたしは男の首に腕をまわして唇を男に押しつけていきました。男のしわがれた声の呻きを、わたしは唇で封じたわ。それから気が狂ったようにニコチンくさい魚くさい疲労くさい男の口をなめたの。おどろいている男の唇の奥に、わたしの舌はすべりこんでいきました。

七月の出奔からふた月、季節は九月になっている。小説の最後、〈わたし〉は自転車で魚を行商し、空いた時間は砂浜で母に手紙を書いている。〈わたし〉はこのまま、大根と煮干しの炊き合わせが好物で、無口な男の元にとどまるのだろうか、それとも次の秋には別の空の下を旅しているのだろうか。本人にもわからない。ただ、いまは太平洋に臨む漁村で、潮風に吹かれる暮らしを全身で味わっている、そんな幕切れだ。

ママ、この生活にわたしは満足しているの。満足が心を突き破りそうなほどです。この生活こそわたしの理想だと思っているの。この生活には、なにはともあれ愛があり孤独があり詩があるからです。けれどわたしは決してこの生活に心を許しはしないわ。いつこの三つが争いをはじめるかしれたものではないからです。常に用心が肝心です。常にこの三つの比重の均衡に目を光らせていなければなりません。だがこの非常にデリケートな魂の管理に、わたしはこの上もなく情熱をかたむけているの。わたしはこの生活がくずれる時のことを考える隙もありません。

先にこの書簡体小説が「詩に接近するようなみずみずしい文章」で綴られていると評したが、どうやら詩について〈わたし〉には特別な想いがあるらしく、自分を深く揺さぶる事物を言葉で表すには、「詩の形」にするほかないと考えている。手許のノートには幾篇かの習作もあるようなのだが、それが母への手紙に披露されることはなく、したがって読者も、旅の途上で書かれた彼女の詩を目にすることはない。まだまだ眼高手低と思って温めているらしい思慮と、「いつかきっと」という心意気が好ましい。

『旅の重さ』を流れる時間は、旅芸人の場面に坂本九の名が出てくることからも、一九六〇年代初頭。戦後と高度成長期に挟まれた過渡期であり、〈わたし〉も過渡期を生きるにふさわしい、人生を自身で統御する感覚の持ち主だ。とはいえ十六歳、未熟さにも自覚的で、邪険に追い払われる女乞食を見て鬱の底に沈んでしまう感傷癖を、子供っぽいと羞じている。男が自分を助けたように、黙々と行動を起こすのが大人なのに、と。一方で大人になることで陥ってしまう惰弱にも警戒している。子供のころ、母を淫売呼ばわりした女の肩に銭湯で嚙みついた自分、いじめっ子に死にものぐるいで抵抗した自分の意気地はどこにいってしまったのか、と。この矛盾を抱えたまま、ともかく動いて歩いて旅してゆく、これが『旅の重さ』の魅力だ。

ここまで〈わたし〉と書いてきたが、全篇をとおして〈わたし〉は〈わたし〉で彼女には名前がない。現実社会とはちがって、名前などなくても〈わたし〉は〈わたし〉で成りたつ場が、文学だということだろう。名前がないまま、彼女はランボーの初期詩篇「感覚」の〈ぼく〉のように、無帽の頭を風にひたして「うんと遠くへ」行こうとしている。

アマビエとロマネスク

金沢百枝
『ロマネスク美術革命』

その絵姿を見ると疫病を避けることができると伝えられるアマビエ。さすが妖怪先生・水木しげるは早くも一九八四年に『水木しげるの続妖怪事典』で取り上げているが、私は新型コロナウイルスの流行を報じる二〇二〇年春先の新聞報道で初めて知った。新聞に、水木も参考にしたという江戸時代の瓦版の記事が引かれていて、それによれば弘化三年（一八四六）四月中旬、海が光る怪異現象を調べに肥後国へと赴いた役人の前に、アマビエと名乗る妖怪が海中から姿を現し、いずれ諸国に病が流行した折には自分の写しを人々に見せよ、と予言したという。瓦版にはそのとき目撃されたアマビエの姿絵として、波間に立つ人魚のような生物が掲げられている。長い髪や四方手裏剣形の眼は人間ふう、尖った口は鳥類の嘴のよう、首から下は鱗に覆われて尾鰭に続いているなど半人半魚といった形状で、子供の落書きみたいでもあり、なんとも愛嬌がある。これを見て真っ先に思ったのがロマネスクの図像に似ているということだった。

ロマネスク美術の魅力については、すべて金沢百枝の著作から教えられたといっても過言ではない。『ロマネスクの宇宙――ジローナの《天地創造の刺繡布》を読む』、『イタリア古寺巡礼』シリーズ、『ロマネスク美術革命』など、いずれも読んで面白く見て楽しい書物で、それまでのロマネスク観を覆す充実した内容だ。

先入観の最たるものは、一一、一二世紀のロマネスクはゴシックへの過渡期であって、ロマネスク様式自体には建築にしろ美術にしろ見るべきものがないという偏見だろう。そういう私も金沢の論考に触れる以前は、素朴なロマネスクに興味が持てずにいた。じつは亡父がロマネスク好きで、本棚には名取洋之助の『ロマネスク――西洋美の始源』や『人間 動物 文様――ロマネスク美術とその周辺』、ルイ・ブレイエの『ロマネスク美術』、ハナ・ロソウスカほかの『中世・美の様式』などが並んでいたし、金沢の最初の本『ロマネスクの宇宙』の表紙カヴァーで研究テーマの「天地創造の刺繡布」を見たときに覚えがあったのも、父の蔵書のジョルジュ・デュビー『ロマネスク芸術の時代』で写真図版を見ていたからだった。さらに父は趣味の木彫の題材に、ロマネスクの教会の聖堂扉口文様を選んで幾種類も試作したりしていたのだが、当時の私はアントネッロ・ダ・メッシーナを筆頭にルネサンス絵画のくっきりとした美を好み、ロマネスク美術のたたえる大らかさを曖昧とも野暮とも感じていた。

ところが金沢の仕事に親しむうち、かつて感じた〈曖昧で野暮〉は、規範に縛られない自在さと思えてきたのである。『ロマネスク美術革命』の終章「ロマネスクの美」で、著者はこう述べている。

ルネサンス的な美的規範が優勢であり続けたおよそ五百年間、つまりごく簡単にいえば近代において、人々がロマネスク美術に目を向けず、関心を払ってこなかったとしても一向に不思議ではない。現実世界の再現に頓着しないロマネスク美術は、遠近法にも解剖学にも用がないのだ。ロマネスク美術の作り手たちは、人体のプロポーションを自在に変えることができたし、画中の奥行きなど意に介さず構図を決めることができた。キリストの威厳、マリアの愛、聖人の喜び、地獄の苦しみ。絵画や彫刻は、こうした是非とも伝達したい主題や感情を簡潔かつ的確に表すための、見る者へ向けたいわば直球勝負だった。写実性を高めて現実の形体を忠実に再現する必要など、まったく感じていなかったに違いない。

この終章にいたるまで金沢の叙述は、美術史家としての学識と、北はノルウェー、イギリスから南はスペイン、イタリアまでロマネスク聖堂を訪ね歩いた調査とに裏付けられている。そのうえでロマネスクこそ、古代ローマから受け継いだ地中海文化と北方ケルト・ゲルマンの魂を結び付け、かつ初めて全ヨーロッパで共有された革命的な美術様式であったと結論する。またこの革命の背景として、民族大移動の終息による社会の安定化や、人口急増と農業生産の向上で生まれた新しい村々がこぞって聖堂を建てたことなど、中世世界の早春の息吹といえそうな変化の諸相が生き生きと語られる。そして革命的なロマネスクの美を味わうには、創られたものの意味を聖書の文言や教義に拠って証そうとするキリスト教図像学よりも、かたちそのものに向き合い、作り手の想像力に思いを馳せつつ、もっと自由に眼前の美を愛そうではないかとの呼びかけがなされるのである。

全篇に研究対象への愛があふれる『ロマネスク美術革命』だが、私がとりわけ興味を引かれたのは、一見、先の反図像学的鑑賞の勧めとは逆行するような第五章「海獣たちの変貌」だ。「かたちの自由をやみくもに求めることだけが革新ではない。十一世紀の美術的革新は、一方で、かたちを定めることでもあった。あるモティーフをどのように描くかという、中世的な図像の約束事が定着するのも、ロマネスク期の重要な出来事である」と始まる第五章は、幻の海獣ケートスを例に、あるモティーフがロマネスク期にどう定型化され、誰にもわかる共通のヴォキャブラリーとなっていったかを検証している。ケートス（κῆτος）は、創世記に登場する〈水棲の大型生物〉に当てられたギリシア語の訳語だが、この海獣は中世に入ってラテン語訳聖書が普及すると、一方でヨナを呑みこむ大魚へと変身し、もう一方で大蛇神話と融合してドラゴンを生み出してゆく。聖書や外典の解釈と図像を照らし合わせて推論を重ねる金沢の探究はじつに緻密で、中世の人々の試行錯誤をなぞるようだ。

それにしても驚くべきは人間の想像力ではないだろうか。恐竜を知る私たちにとっては、ケートスやドラゴンの形体はそれほど意外というわけではないが、発掘された骨を組み立てて大型爬虫類の姿がわかってきたのは一九世紀になってから。そう思うと、獣頭にとぐろを巻く長い尻尾が特徴のケートスを、ゼロから創り出した昔の人々の夢見る力、想像力には畏れいる。

冒頭のアマビエに戻ると、海獣は海獣でもめちゃくちゃかわいらしい。耳のあたりにイヤリング風な輝きが見えるし、女（雌？）だろうか。すっくと直立する姿から、私はペンギン人魚と綽名している。

二〇〇〇年代の軽やかなパロディ精神
——水原紫苑『歌舞伎ゆめがたり』

『歌舞伎ゆめがたり』は、タイトルにある〈ゆめがたり〉のたおやかな語感から食み出すような、捻りの効いた歌舞伎パロディ短篇集である。「伽羅先代萩」「東海道四谷怪談」「仮名手本忠臣蔵」「桜姫東文章」など歌舞伎狂言を換骨奪胎した十三篇は、短篇小説の定石を踏んで出だしに仕掛けがあり、たちまち引きこまれてしまう。たとえば巻頭の「勧進帳」。

富樫という男に初めて会ったのは、銀座の外れの安い小料理屋だった。
私たちはインターネットの愛犬家のサイトで知り合ったのだった。私はトイプードルを、富樫はミニチュアシュナウザーを飼っていた。

富樫のハンドルネームは「サエモン」で、私は本名のままの「シオン」だった。サエモンさんなんて、変わってますね、と私が書くと、彼は真面目に、僕の本名は富樫左衛門です、と打ち明け、シオンさんは男ですか女ですか、と尋ねて来た。それは会ってのお楽しみ、としか私は言ってやらなかった。

富樫が女を愛するなら応じてやるし、男を愛するならその欲望を私の身で満足させてやる。その自信があってこそのこちらからの誘いだった。

こんな書き出しを読めば、富樫が『勧進帳』の登場人物で、義経捕縛の命を受けた安宅の関の関守と知らなくても、続きが気になる。能の『安宅』を元に作られた歌舞伎の『勧進帳』だが、二者でずいぶんちがうのは弁慶の造形だ。『安宅』では力で富樫を威圧する弁慶が、『勧進帳』だと知識と胆力、洞察と情味を兼ね備えた傑人になっている。力を恃む荒法師という弁慶像を覆したのが歌舞伎十八番の『勧進帳』ということになろう。

さて水原紫苑はこの傑人弁慶像を再び覆して、弁慶の至誠に潜む恋情を、義経が疎む設定にしている。富樫の言い分を聞いてみよう。

私はちょっと巻物を覗き込んでやったんです。すると、弁慶は隠そうとし、その時です、座っておられた判官殿が笠にちょっと手をかけて、こちらに注意を向けられたんですよ。

これを天地人の三方の見得といって、五代目中村歌右衛門という役者が考案したそうですがね。私には、電波が来たようにはっきりとわかりました。判官殿は、私に助けを求められている、弁慶の粗野な情熱から逃がれて、私との静かで濃密な愛の日々を希《ねが》っていらっしゃると。

弁慶・義経・富樫の三人が作りあげる関係性は、ここでは忠義思想から切り離されて、愛と欲望のドラマと化しているのだ。

もう一篇、これまた出だしから抱腹絶倒の「鳴神」を引こう。童話作家の四十女〈私〉は、パトロール中の巡査から、謎の科学者ナルカミが町内に潜伏していると聞かされる。

「何でそんなに警戒しなきゃならないんですか?」

私はお巡りさんの緊張した顔を見て尋ねた。ナルカミは生物兵器の研究でもしていた人なのかも知れないと思った。

「いやあ、わしらもよく知らんのだけどねえ。何でも人間の頭に妙な電波送る奴だって言うんだなあ。」

電波だって? 正真正銘の電波系か、と私は驚いた。

「電波送られるとどうなるんでしょうね。」

お巡りさんが困りそうな質問が、思わず口を突いて出てしまった。

「そりゃあ、あんた、□□□□の□□□□の□□□□で、あれ、どうしたんだべ、とりあえず□□□□。」

お巡りさんは突然伏字の言葉を滅茶苦茶に発し始め、自分でも制御が利かないようで、あわてて手を振って帰って行った。

「どうしたんだろう、お巡りさんたら、□□□□ばっかり言って。まあ、いいや、私はお腹が空いたから□□□□でも作って。あら、私も。」


このあと世界は、ナルカミに脳波を操られて公序良俗に反する四文字言葉を連呼する人々であふれ、誰もが自らの発語に駆り立てられるように相手かまわずの性交に走ることとなる。人類滅亡の危機に瀕して、雲の絶間姫よろしく立ち上がる〈私〉の首尾やいかに。

本書の十三篇はどれも、歌舞伎の登場人物が現代によみがえり、芝居の筋や見所を巧みに語りながら、その半面で作品世界の正と邪、善と悪、聖と俗をひっくり返してみせる趣向となっている。ミッションスクールの同性愛カップル染子と光子が、久松神父の助けを借りて処女懐胎を実現すべく奔走する「野崎村」、瓜二つの少年、熊谷小次郎とタイラー国のアツモリ王子が子供同士でタッグを組み、親たちを殺して生き延びようとする「熊谷陣屋」、八ツ橋ばかりか、二〇〇一年に歿した六代目中村歌右衛門までが現れて次郎左衛門への真情を語る「籠釣瓶」など、思いがけない展開が待っている。八汐も助六もお岩もお軽勘平も幡随長兵衛も、しゃべることしゃべること、ぶっちゃけ話で新解釈を打ち立てる勢いだ。

この〈新解釈〉こそは古典に材を求めるパロディの要諦。水原が愛読書に挙げる太宰治の『お伽草紙』も、三島由紀夫の『近代能楽集』もこの分野の名作だが、ここでは歌舞伎繋がりから石川淳『おとしばなし集』の「和唐内」を見てみたい。ご存じ『国性爺合戦』の主人公、和唐内（歌舞伎では和藤内）と甘輝は、敗戦から間もない昭和の日本にくすぶって、横町の雑伎小屋から、国民党と共産党の内戦に揺れる中国を窺っている。思想だの戦争だの動乱だのに身を挺していないと、しおたれてしまう男たち。いち早く生活者に変貌した妹の錦祥女は「ばかだねえ。男つて、どうしてかうみんなばかなのかねえ。思想のなんのと、くだらないものに取つ憑かれてさ。生活のよろこびを知らないね。うんざりしちやふよ。計略だつて。笑はせら。（中略）こんなところに長居は無用、一目散随徳寺としやれちやはう。」と、江戸戯作の味わいを伝える伝法な台詞で兄や夫を置き去りに、浮世小路へ紛れてゆく。当たり狂言の豪傑も形無し。膨れあがったナショナリズムが一朝にして崩れ落ちたあと、そこに広がる戦後社会の虚妄を嗤うのが、「和唐内」のニヒルなパロディ精神だ。

二〇〇九年刊『歌舞伎ゆめがたり』の印象は、当然のことながらずいぶんちがう。全体がコミカルで賑々しく、死も愛も美もヴァーチャルな軽さをまとっている。虚妄は虚妄のまま捨て置かれて風化し、未だ不可視の危機に怯えながらも、インターネットの普及で日常が変容してゆくさまに目を奪われ、現実感が希薄になってゆく二〇〇〇年代の雰囲気に立ち向かうには、ときにオプティミズムととられかねない、一条大蔵卿ばりの〈作り阿保浮かれ戦略〉で行くほかない、とでもいった趣だ。つまり『歌舞伎ゆめがたり』のパロディ精神は、ニヒルよりもライト、浮かれや軽みで不透明な時代を揺さぶっている。

だが一方で、短歌に見る水原の資質に、もともとヴァーチャルな浮遊感があるのも確かである。存在の不安や孤独を詠む歌でも、その底には放心が感じられ、薄闇と仄明かりが二重螺旋のように捩れて立ちのぼる。歌を詠むことで、歌人は絶望や悲嘆から辛くも身をかわし、きわどいバランスを立て直す刹那に愉悦をつかんでいるかのようだ。きわどいバランス……おそらく水原が短歌という定型詩を選び、形式や型のある古典芸能を好むのは、内なるアンバランスを自覚するからだろう。五句三十一音の構成や韻律上の技法など、枠や制約でもある定型の機制が歌人を支え、その詩心に新たな血を送り続けている。しかしそれは、歌われた事象が様式化と調べによって美しさを帯びてしまう、定型の魔力と背中合わせではあるのだが。

それにしても不思議な人だ。心の襞を象徴主義風に詠む短歌、能や釈迢空について論じる明晰なエセー、奇想を奔放に繰り広げる短篇小説と、それぞれスタイルのちがう仕事を読んできていま思うのは、不思議なままマチュアな魅力を具えつつある水原紫苑のこれからを、末永く見届けたいということである。

多感な自然児

――ルイーゼ・リンザー『波紋』

二〇〇三年五月号の「図書」に「子供の本棚」というタイトルで、小学生のころに夢中になった創元社世界少年少女文学全集のことを書いた。友人宅で出会ったこの全集の文学的クオリティが気に入って、大人になってから古本屋で買い求めてきたのだが、大好きだったルイーゼ・リンザーの『波紋』が欠けていて残念、という話をエセーに記したところ、掲載から程なくして関西の染織家の方から本が届き、子供時代の愛読書を譲ってくださるとのこと、たいへんありがたくいただいた。じつは『波紋』には二〇〇〇年の時点で上田真而子氏による見事な新訳が岩波少年文庫から出ていたのだが、私にはどうしても創元社版で確かめたいことがあったのである。

ドイツ語を学びたいと思ったきっかけが、創元社版の『波紋』だった。訳者解説に「翻訳にあたりごくわずかだが省略したところがある」というようなことが書かれていて、その箇所を見つけるためには原文を読まなければ、と往時の子供は考えた。主人公の〈わたし〉にすっかり感情移入していたものだから、彼女については何から何まで知っておきたかったのだ。のちに原書に目を通してみて、省略部分はたぶんここだろうと見当はついたものの、そのときは手許に創元社版がなく、照合はできなかった。それが「図書」をきっかけに原書・訳書が揃い、四十年越しの課題が片付くこととなったのである。

省略箇所の指摘の前に、まず『波紋』の中身を紹介したい。『波紋』は一人称の〈わたし〉を語り手とする一少女の成長物語で、五歳から十代後半までの十数年が描かれている。年代の明示はないが、一九一一年生まれのリンザーの自伝的な小説と考えられ、とすると出だしで父が出征する戦争は第一次世界大戦であろう。父が戦地へ赴いたあと、残された母と娘は大伯父を頼って田舎の修道院へと疎開する。小説中で〈聖ゲオルゲン〉と呼ばれる修道院の描写が素晴らしい。土地に満ちる敬虔な雰囲気、数百種の草花が咲き乱れる庭、一つ一つの部屋を彩る天井画、修道女が働く畑、周囲に拡がる山野……それまで町の子であった〈わたし〉の目を通して田舎の風物が語られてゆくのだが、『波紋』でリンザーがデビューしたときにヘルマン・ヘッセが激賞したのもうなずける美しい文章だ。夢想する自然児といった性格の〈わたし〉と実際家の母親との間には緊張が生まれつつあるのだが、ここ聖ゲオルゲンでは、司祭の大伯父や叔母が、ときに感情に溺れそうになる〈わたし〉を思慮深く導いてくれる。なお聖ゲオルゲンのモデルはバイエルン州南端に実在するベネディクト会の修道院ヴェッソブルンで、リンザーは二〇〇二年の歿後、この地に眠っている。

戦争から隔てられた修道院での五年間は〈わたし〉にとっておおむね幸福な時代であったが、ロシアで捕虜になっていた父が帰り、母娘は元の町へと戻ることになる。見知らぬ人のように感じられる父。〈わたし〉は父のシベリア抑留に同情するものの、沈鬱な父に馴染むことができない。そして刺々しい母。裏庭の花壇をめぐる挿話が母との距離を現しているので引用しよう。これから『波紋』をお読みになる方にはシャープな上田訳をお薦めするが、ここでは私にとって懐かしい創元社版の前田啓作訳で引く。聖ゲオルゲンでの日々を手繰り寄せたくて花壇作りを思いたった〈わたし〉は、種をください、と母に頼む。

「種なんか、どうするのです?」

おかあさんのつめたい目を見ると、わたしの口は、いきなりかたくなった。自分で思ったよりひややかな調子で、わたしは言った。

「種はあるの、ないの?」

「おかあさんに向かって、そのものの言いかたは、なんです? もっとていねいにたのみなさい。そしたら、あげます。」

わたしはまた、むらむらと腹がたった。わたしは、「いやなら、くださらなくってもいいのよ。」と言って出ていこうとしかけたが、目の前に美しいお花が浮かんできて、思わず気をゆるめた。

「お花の種をちょうだい。へいのそばに、小さなお花畑をつくるのです。」

おかあさんは、わたしがすなおになったので、きっと喜んでくださるだろう、と思った。ところが、おかあさんは、お笑いになった。

「あんなところに、お花がそだつものですか。それより、草むしりでもしなさい。そのほうが、よっぽど役にたちますよ。」

わたしは、出ていった。

両大戦間のドイツの荒廃が透けて見える会話だ。どん底の経済、重苦しい政治情勢、先の見えない不安に打ちひしがれる親世代は、子供の夢や好奇心につきあう余裕がなかったのだろう。〈わたし〉は両親よりも、長く東アジアに暮らした祖父に親しみを覚え、東洋思想や瞑想について尋ねては子供なりに考える。しかしその祖父も〈わたし〉に紅玉髄のお守りを遺して亡くなり、〈わたし〉は寄宿学校へ預けられることとなる。

その女学校では、〈わたし〉は新任の若い女教師との間に同性愛的な感情のドラマを経験する。映画『制服の処女』や『格子なき牢獄』を思わせる展開だが、もっと複雑なのは、もう一人の同級生もまた女教師に惹かれていることだ。しかも三人は、規則づくめで非人間的な学校に立ち向かう同志であり、ヘルダーリンの詩によっても固く結ばれている。女教師が〈わたし〉に『ヒュペーリオン』を与える場面があり、〈わたし〉はヒュペーリオンとアラバンダの出会いの箇所に栞が挟まれていることに胸を高鳴らせるのだが、小学生の私がこのくだりを読んで語られていることの全部がわかったわけではない。ただ、いずれ必ずヘルダーリンを読んでみようと思いはした。いまなら、この場面で作者のリンザーは、ヒュペーリオンとアラバンダの出会いに力点を置いたのではなく、彼らがのちに仲違いすることのほうに暗示的な意図を託していたのだろうと考える。じっさい三人には悲劇が待ち受けているのだ。同級生は自殺し、女教師は外地の学校へと去り、〈わたし〉は獄舎のような学校に一人残されるのである。

そして、先に述べた前田訳の省略は、この次の章にある。学校生活に耐えられなくなった〈わたし〉は舎監の目を盗んで町へと逃げ出すと、夕暮れ時の喫茶店に飛びこんで、窓際の席から通りを眺めている若い女に目をとめる。実はこの喫茶店は娼婦が客と落ち合う場所となっているのだが、〈わたし〉はそれに気づいていない。〈わたし〉と女とのあいだに言葉が交わされ、女のやさしく温かい雰囲気に緊張が解けた〈わたし〉は、寄宿舎から出奔してきたことを打ち明け、自由に見える大人の女を羨む。注意深く耳を傾けていた女は、大人になったからって自由というわけではないと言い、会話は少しずつ危険な領域へと近づいてゆく。ここらへんで前田訳は、〈わたし〉が女に祖父の形見のお守りを示しながら、そこに刻まれた東洋の賢者の言葉を伝える数行を省いている。しかしもっと重要な省略は、女がそろそろほんとうのことを告げようと切り出す次の場面だ。

「ねえ、そんなふりをしているだけなの、それともほんとうに知らないの？」

「なにをですの？」

「あたしがだれかということよ。」

「なんのことをおっしゃっているのか、わかりませんわ。」

このあと原文では文頭に逆接的な内容を導く接続詞 doch を置き、わからないと言ったけれど言ったとたんわかっていた、女の問いの意味もその答えもわかっていた、という〈わたし〉の動揺が綴られる。その様子を察した女のほうも「それじゃ、あたしのこと軽蔑するわね」と口にし、〈わたし〉は黙ってしまい、女が属しているらしい非合法でいかがわしい世界を想って葛藤するという何行かが入るのだが、前田訳はこの部分を略している。おそらく、岩波少年文庫の上田訳が中学生に向けられているのに対して、創元社版の前田訳はもっと幼い読者までを想定しているので、手が加えられたのであろう。

『波紋』は、聖ゲオルゲンに戻った〈わたし〉が泉の水面の波紋を見つめて、これからの自分の生活を導くのは、この波紋のように精緻な「精神のするどい、すみきった法則であろう」と予感するところで終わる（現実のリンザーの人生は、一九四〇年の『波紋』刊行後、ナチスに政治犯として囚われ、時代の大波にさらされることとなるのだが）。この静謐な幕切れに至るまで〈わたし〉には名前がない。主人公に名前がないことで、それまでの子供向けの読み物とは一線を画す文学性を感じさせるところも、『波紋』の大きな魅力であった。

それからほぼ十年たって、私はもう一冊、語り手に名前がない小説に出会っている。素九鬼子『旅の重さ』だ。二つの作品の主人公は、自らの感受性を恃み、自由を渇望する自然児として、とてもよく似ている。

誰にも居場所がある世界

——細見和之『「戦後」の思想——カントからハーバーマスへ』

名前だけ知っていた細見和之に初めて会ったのは一九九二年の秋、日にちまではっきりしないが、三島憲一が主宰するドイツ思想史の研究会が早稲田大学の一教室で開かれて、知人の発表「ハイデガーにおけるナチズムへの加担」を聞きに出かけた折のことだ。発表そのものは、あまりに固有名詞が多すぎて途中から論旨が追えなくなり、ぼうっと聴いているうちに終わってしまったのだが、そのあと質疑応答の時間に指名されて発言したのが細見だった。そのとき細見は、自分はハイデガーが自らの思想をドイツの若い人、それも学生ばかりではなく、むしろアルバイター、若年労働者に向けて語りかけようとしていたことに関心がある、ハイデガーが若い労働者を対象に講演会を開いていたことの意味を考えたい、というようなことを述べた。

この発言に興味を覚えた私は、考察の帰結が知りたくて、今後の細見の仕事に注目しようと思ったのである。

その後、細見は九〇年代半ばから現在まで著作や翻訳を次々刊行しているが、なかでも二〇〇九年の『「戦後」の思想――カントからハーバーマスへ』には、先のハイデガー問題の答えが示されているといえよう。カントの〈永遠平和〉の理念に始まり、多国籍軍のイラク空爆に抗議して二〇〇三年に出されたハーバーマスとデリダの共同声明（「われわれの戦後復興――ヨーロッパの再生」）で終わる本書は、ドイツ社会思想の流れを戦争との関わりで論じる構成となっている。ナポレオン戦争、普仏戦争、二度の世界大戦と、くり返される戦争こそがそのつどの現実であり、ナチス体制下ではホロコーストまで行き着くドイツの近現代史において、思想家たちの頭上に垂れ込める暗雲〈ドイツ的なるもの〉の、なんという禍々しさだろう。章ごとに同時代の対照的な哲学者二人を対にして論じることにより、本書では思想と社会との関係が浮き彫りとなり、カント以降二百数十年の思潮をダイナミックに把握することができる。

まずは、ハイデガー問題の帰結を求めて、第三章「第一次世界大戦後の思想――ローゼンツヴァイクとハイデガー」を見てみよう。ここで細見は、「二〇世紀の哲学を振り返る際に、今後とも第一に取り上げられるのはハイデガーの『存在と時間』だろう」と、この哲学書の特権的なポジションを認めたうえで、それでも、〈非本来性〉という括りで曖昧だったり不純だったりする存在の排除を志向し、知と非知とが理想的に出会うナショナルな時空を想定する『存在と時間』の危険性を指摘している。

ハイデガーが想定しているような知と非知のあいだには、生半可な知識人はもとより、じつは本好きの農夫やら、世界情勢にそこそこ明るい樵やら、有象無象がひしめいている。それこそが大衆社会の大衆社会たるゆえんである（だからこそ、ハイデガーにおいて大衆社会批判は不可欠となる）。

そのなかには、作家アーネスト・ヘミングウェイと同じように死を決意したうえで「世界市民」としてわざわざ国境を越えてスペイン内戦におもむく軽率な知識人もあれば、いったん事あれば階級闘争や百姓一揆へ馳せ参じることこそ先祖伝来のわが家の「伝統」と心得ている不忠の輩《やから》、あまりの反ユダヤ主義的風潮に嫌気がさして「ドイツ人」でありながら「ユダヤ人」であることを「決意」する途方もない愚か者、そのような者も現にありえただろう。いったい彼ら、彼女らは、ハイデガーの「世代」には属さないのか。そもそもユダヤ系ドイツ人のように、二つの伝統のうちに引き裂かれた現存在、レーヴィットやアーレントはどちらの伝統を「自らに伝承」すればよいのか。ハイデガーの『存在と時間』は、これら曖昧で不純な存在すべてを、「非本来性」の名のもとに一掃する傾向を有している。（中略）

そして、そういう「非本来的なもの」の一掃という前提のもとで、知と非知が幸福な出会いを遂げる気密的な時空を「民族」と名指しているかぎりにおいて、ハイデガーの『存在と時間』はまた「理想的」なナショナリズム論でもあって、そこにナチズムとの親和性はすでにして孕まれていたと言える。ハイデガーの『存在と時間』が目指していたような気密的な虚構の時空を、現実のものとして力づくで達成しようとするもの、そしてある程度現に達成してしまったもの、それこそがナチズムにほかならなかったからである。

さきの若年労働者向けの講演の話にこの指摘を重ねるなら、そのまま放っておけば曖昧で不純な存在であり、ともすれば階級闘争へと馳せ参じて〈不忠の輩〉になりかねない、有象無象の若年労働者を純化して、理想化された民族の時空に取り込むべく、自身の思想を吹き込もうとしたのが、ハイデガーの講演計画だったといえよう。しかしその裏では、絶対に純化しえない存在、取り込みえない存在として、ユダヤ人が排除されていったわけである。

また細見は、レーヴィットの論考「ハイデガーとローゼンツヴァイク」から言葉を引いて、ハイデガーにおける「相互承認」の欠如を取り上げている。

レーヴィットはまた同じ論考のなかで、「ハイデガーの〔『存在と時間』における〕分析には、相互『承認』(ヘーゲル)という現象が欠けている」と指摘している(〔 〕内は引用者〔＝細見〕の付記、( )内は原文)。こちらの指摘はいっそう重要だろう。この「相互承認」の欠如という問題と「先駆的決意性」の論理は本質的に一体のものだからである。ハイデガーの「先駆的決意性」の論理は、異質な他者との相互承認という本来のヘーゲル的な承認関係を徹底して排除するのである。

順序が前後するが、本書の第一章「ナポレオン戦争をめぐるフィヒテとヘーゲル」で、細見は『精神現象学』の読解を〈承認〉を軸に展開している。結論から言うと、ヘーゲルは相互承認を詰めきれていないという批判に終わるのだが、批判の一方で、整合性を欠いてでも執拗に突き進むブルドーザーのごとき非弁証法的ヘーゲル像を描きだしていて、なかなか面白い。それに細見の批評は、ヘーゲルが詰めきれなかった相互承認をいまこそ自分たちの手で、という意思表示でもあろう。

相互承認についてはあとで立ち戻るとして、先にニーチェを論じた第二章「普仏戦争をめぐるマルクスとニーチェ」に記されたハイデガー批判に触れておこう。

ニーチェがイタリアのトリノで精神病の発作に襲われたとき、彼は鞭打たれている馬車の馬の首にしがみついて、激しく泣いていたという。これは、ドストエフスキーの『罪と罰』のなかで、主人公ラスコーリニコフが犯行のまえに見る夢と酷似しており、いまでは実際の出来事だったのかどうか、その真偽が問われている。にもかかわらず、そういうニーチェ晩年の伝説的イメージもまた、ニーチェのテクストに溢れている動物や生き物への強い連帯感があってこそ生じたものではないだろうか。「力への意志」、「永遠回帰」、「超人思想」、それらの根底には、鞭打たれる馬の首に思わずしがみつくような、生き物としての感情が脈打っているのではないか。ニーチェがキリスト教的道徳やプラトン以来の観念論の誤謬を執拗に批判することで回復しようと図ったものの筆頭に、このような生命、あるいは生き物としての感覚を数えることができるのではないか。そして、そのニーチェ解釈をふくめて、ハイデガーの哲学に一貫して欠落しているものこそは、このような生命や生き物への感覚なのだ。

ハイデガーにおける〈生命や生き物への感覚〉の欠落、これもまた重要な指摘だろう。なお同じ第二章で、細見はマルクスについてはユートピアンとしての側面に注目し、『ゴータ綱領批判』から「ドイツ労働者党綱領への欄外註釈　一―（3）」の一節を引いて、そこに掲げられた「各人はその能力に応じて、各人にはその必要に応じて！」とのアピールを、これからの人間社会を導く簡潔にして重要な理念だとしている。

ここで相互承認に立ち返るなら、これまでの道筋から見えてくる細見の思想的課題とは、相互承認が成り立ち誰も排除されない世界、生きとし生けるものから居場所を奪ったりしない世界の模索、ということになるだろう。そういう細見が、ユダヤ人の命運に深い関心を寄せるのは必然と思われる。本書の第三章では、少壮のヘーゲル研究者として出発しながら、ユダヤ教を選び直して生きたローゼンツヴァイクの思想と生涯が論じられている。ほかにも、フィヒテの「ドイツ国民に告ぐ」を聴講して「ユダヤ人なるものを私たちのなかから根こぎにしなければなりません」と勇んだラーエル・ファルンハーゲン、カッシーラーとハイデガーのカント解釈をめぐる新旧世代対決となった一九二九年のダヴォス討論でハイデガーに未来を見たレーヴィットやアーレントなど、ユダヤ系知識人が置かれていた複雑な捩れ、〈ドイツ的なるもの〉の呪縛とそれへの抵抗が本書各章で考察されている。

とりわけ細見が翻訳を手掛けているベンヤミンやアドルノについては、第四章「第二次世界大戦後の思想――アドルノとアーレント」に詳しい。細見の目に映るアドルノは、「他なるもの」「疎遠なもの」とどのように向き合えるかを人間の要件と考え、非同一性を守り抜けるか否かに人類の未来がかかっているとする思想家だ。

実際、アドルノが『否定弁証法』という書物をつうじて、執拗なまでにカント、ヘーゲルを参照しながら探索しているのは、同一化の強制のなかでそれに抗して存在しているさまざまな「非同一的なもの」である。確かにそれは表立って肯定的・積極的には語られない。それについて肯定的・積極的に語ることは「無駄口」であり「犠牲者にたいする不正」

であるという感覚は、『否定弁証法』のすべてのページに通底している。とはいえ、それはやはり繰り返しアドルノのテクストに現われる。概念には還元されえない対象の多様性、形相にたいする「質料」ないし「質的なもの」、商品の交換価値にたいする使用価値、人間の意識に対する身体の契機、等々という形で。

また本書を離れても、細見の仕事は、『永山則夫——ある表現者の使命』、『フランクフルト学派——ホルクハイマー、アドルノから二一世紀の「批判理論」へ』、『「投壜通信」の詩人たち——〈詩の危機〉からホロコーストへ』など、同一化によってはじき出され、居場所を奪われた人びとを一貫して取り上げている。『「投壜通信」の詩人たち』では、イディッシュ詩人イツハク・カツェネルソンの悲劇に震撼させられた。詩人でもある細見は、トレブリンカへと連れ去られた妻子を愛惜するカツェネルソンの絶唱を訳出しつつ「およそ作品を書くということは不在の者へと呼びかけることにほかならないのではないか」と記している。その後カツェネルソン自身も強制収容所に移送され、一九四四年五月、アウシュヴィッツで無惨に殺されているが、書かれた言葉は滅びなかった。三本の壜に詰めて地中に埋められた遺稿は、危難を冒して掘り出した人たちの手によって世界へ広がっていったのである。

最後に『「戦後」の思想』の序章「カントにおける戦争と平和」に戻り、そこに示されたカントの言葉を引こう。

この地球という球体の表面では、人間は無限に散らばって広がることができないために、共存するしかないのであり、ほんらいいかなる人も、地球のある場所に居住する権利をほかの人よりも多く認められることはないはずなのである。

（『永遠平和のために』）

細見は、カントの掲げる〈共存〉の理念を、終章「ハーバーマスの戦後思想」で、先に触れたハーバーマスとデリダの共同宣言へと繋いでいる。勝者と見なされるヨーロッパが自分自身を〈敗者の視点〉から認識することにより、そこに、異質な他者との相互承認と脱ヨーロッパ中心主義への回路が展けるとする共同宣言。ともすれば、きれいごとと貶《けな》されかねないこの共同宣言を、細見はそれでも肯定している。他者をその他者性において承認すること……その道の険しさを知りつつ、しかし突破口はそこにしかないというのが、おそらく細見の所存であろう。

野の書物——多感な自然児の系譜

小学校四、五年生にはなっていただろうか、通学路で擦れ違いざまに頭上から大人たちの会話が降ってきた。勤め人風の一団が話しながら去ってゆくところで、そのうち一人が「ほう、ではヤにイケンがあったというわけですか」と言ったのである。ヤにイケン……いったいなんだろう。ヤは野かしら、野原のことかな、とひとまず考える。イケンは、偉くて賢い人かもしれない。そう思うと頭のなかには、草の茂る野原を哲人ふうの人物が蓬髪を風に靡かせながら歩いている画像が浮かんでくるのであった。

それから数年して、「野に遺賢無し」を知り、野が、官に対する民、在野を意味することを理解した。しかしわかったからといって、かつての哲人のイメージが色あせたわけではない。ラコニア産のサンダルを履いてシチリアの野を歩き、エトナ山へと登っていったエンペドクレスのような、野にいる哲人にこそ巡り会いたいと夢見ていた。そう、官より民、仕官より在野、正当より異端、中心より周縁に惹かれるのは、十代半ばから現在まで変わらない私の好みである。そして〈野〉が付くものは、あれもこれも好ましく感じられる。野草、野鳥、野趣、野性、野外劇、野遊び、野宿、野葡萄、野守などなど、日常から食み出す感じがあって言葉としても魅力的だ。『美女と野獣』を読んでも、野獣が王子に生まれ変わるラストには、かえってがっかりする。ベルが愛したのは野獣なのに、どうして王子に変身させられてしまうのだろう。

とはいえ私も、堂々と中枢にある事物の普遍的な価値に背を向けているわけではない。J・M・クッツェーの『世界文学論集』(正・続)を読めば、対象となっている作家や作品の奥深さにただただ圧倒される。ルソー、ゲーテ、トルストイ、ホイットマン、カフカ、ボルヘス、ベケットほか、時代の海から生まれて時代を超えて読み継がれてきた〈世界文学〉が並んでいる。翻訳され批評されてはそのたびに新たな解釈や問題が引き出されるこれらの著作は、古びるということがない。しかしこうした作品を、一語一語に分け入るような精度と強度で論じるクッツェーは、ほぼすべてのテクストを原語で読めるとびきりのポリグロットだ。クッツェーが何度も取り上げているベケットもしかり。学生時代からの読書歴をたどると、ソクラテスからダンテ、ラブレー、ミルトンとこれまた正統的な古典につね日ごろ親しんでいて、二〇世紀の前衛芸術を牽引したこの作家が、ヨーロッパ人文科学の土壌に広く根を張り巡らせていたことが見てとれる。ベケットはその博識を踏み越えて、知の彼方に〈無知〉や〈無為〉を求めたということになろう。

ベケットやクッツェーのような読書は、もとより私には不可能、手の届かない世界だ。そう嘆息する一方で、しかし文芸の沃野には〈世界文学〉の大樹だけが茂っているわけではない、とも思う。小さな作品であっても、読み手にとって人生の核になる小説や詩集や評論があるはずだ。私の人格を形成した小さくて大きな本を年代順に挙げるなら、ルイーゼ・リンザー『波紋』、素九鬼子『旅の重さ』、大原富枝『眠る女』といったところだろうか。これらは作家の自伝的な小説で、私は主人公と自分との距離を測るようにして読んでいる。ほかにも、批評の切れ味にしびれた書物、言葉の美に打たれた書物、世界の空漠におののいた書物、人間の不可思議に呆然とした書物など、ちがう網をかけてゆけば、それぞれ数冊ずつ大切な本の名が浮かぶ。これらの本を〈野の書物〉と捉えて、書評集を編んでみたいというぼんやりした望みが、少しずつ煮詰まってかたちになったのが、この『野の書物』である。挙げた作品を眺めていると、先述した私の好みに沿って、〈多感な自然児の系譜〉とでもいったラインが浮かび上がる。本書で論じた書物に通底するのは、この世のさまざまな存在《もの》に惹かれ、その形態・手触り・匂いに夢中になるあまり我を忘れたりするものの、すんでのところで言葉を命綱に理性に立ち返る精神であり、そうした精神に基づく人々の営為だという気がしている。

『野の書物』は、一九九二年から二〇二二年までの三十年間に雑誌に書いた原稿から五十七本を選び、それに書き下ろしを加えて、ほぼ発表順に並べている。各篇は、雑誌掲載時におかした事実誤認をできるかぎり訂正し、字数制限のために言い足りなかったことをつけ加え、引用個所を改めたり増やしたりして、初出とはかなりちがっている。引用テクストが旧字旧仮名の場合、漢字は新漢字に揃えたことも、お断りしておきたい。

そしていま胸のうちには、ここで取り上げられなかった多くの書物が浮かんでくる。雑誌やインターネット上で見かける文章あるいは翻訳で注目しながら、タイミングを逃したり単著がまだなかったりといったことで見送った書き手もいる。心残りではあるが、今後、機会を見つけて論じることができればと考えている。

書籍にまとめるにあたっては、インスクリプトの丸山哲郎さんにお世話になった。編集の過程でいちばん嬉しかったのは、引用の引き合わせをしながらゲラに目を通していた丸山さんから届いた、次のひと言である——「つい引用のほかのところまで読んでしまう」。引用の周辺を読みたくなるのは、題材となった書物に関心が向かうからで、つまり私の書評が伝えるよりも、もともとの本は何倍も面白いということではないだろうか(じっさい、そうなのである)。そう思うと、『野の書物』に登場する本に興味を覚えた読者がそれを手に取って気に入り、そこから先へと〈多感な自然児の系譜〉を伸ばしてくださるのではないか、などと甘やかな夢想がふくれあがる。

事物の影が薄れ、存在から実質が揮発するようなテクノロジーの時代にあって、一人一人が編む書物の系譜や星座や地下茎が、そうした時流への抵抗となることを願いつつ、次の一冊に出会う旅を続けたく思う。

二〇二二年五月

阿部日奈子

初出一覧

1 机のそばに図形が坐っていた　「ユリイカ」一九九二年一二月号
2 処女懐胎　「ユリイカ」一九九三年一月号
3 幸福なコキュ　「ちくま」一九九四年八月号
4 ゲイ・スタディーズの一里塚　「みすず」読書アンケート　一九九九年一月号
5 時代は変わる　「みすず」読書アンケート　一九九九年一月号
6 言語化された安川加壽子のピアニズム　「ふらんす」一九九九年九月号
7 意志と情熱がほとばしるフィルモグラフィ　「みすず」読書アンケート　二〇〇〇年一月号
8 名訳詞華集に託された祖国への思い　「みすず」読書アンケート　二〇〇一年一月号
9 亡命人生をも愛した不屈の映画人　「みすず」読書アンケート　二〇〇一年一月号
10 はざまにいる容疑者　NHK週刊ブックレビュー　二〇〇二年七月
11 妄執の伽藍を支える饒舌　「ウフ.」二〇〇三年四月号
12 周作とは誰か——『秋津温泉』に見る戦後批判　「ユリイカ」二〇〇三年四月臨時増刊号（吉田喜重特集）
13 バランシンとファレル　「図書」二〇〇四年六月号
14 「放っといてくれ」——自閉と自足　「誠信プレヴュー」二〇〇四年七月三〇日、第八六号
15 典雅によろめく令夫人——デルフィーヌ・セイリグ　「ハイ・ファッション」二〇〇五年一〇月号
16 無為のついたての内側で起こっていること　「ハイ・ファッション」二〇〇五年一二月号
17 世界の再生を祈って炎に包まれた僧侶　「ハイ・ファッション」二〇〇六年二月号
18 名付けえぬ関係のほうへ　「ハイ・ファッション」二〇〇六年四月号
19 この人の推す本なら読んでみたい　「ハイ・ファッション」二〇〇六年六月号

20 子の〈文弱〉を受け容れる父　「ハイ・ファッション」二〇〇六年八月号
21 回想が照らし出す文豪の心性　「ハイ・ファッション」二〇〇六年一〇月号
22 当事者の声を聴く　「ハイ・ファッション」二〇〇六年一二月号
23 読書日録I　「すばる」二〇〇七年一月号
24 読書日録II　「すばる」二〇〇七年二月号
25 読書日録III　「すばる」二〇〇七年三月号
26 舞踊家・伊藤道郎の見果てぬ夢　「Microsoft Corporation　Web マガジン　ブックレビュー・アラカルト」
二〇〇〇年七月を、二〇〇七年のNHKドキュメンタリー放映後に改稿
27 愚行からしたたり落ちる光　「ハイ・ファッション」二〇〇七年八月号
28 苦の娑婆だからこそ生きている　「ハイ・ファッション」二〇〇七年一〇月号
29 ダニエル・シュミットのスイス絵本　「図書」二〇〇八年二月号
30 調べと意味、力点の異なる二つの訳詩　「ハイ・ファッション」二〇〇八年四月号
31 強い母が老いるとき　「ハイ・ファッション」二〇〇八年六月号
32 事実は映画のなかで生き続ける　「ハイ・ファッション」二〇〇八年一二月号
33 つくろわない文章の魅力　「ハイ・ファッション」二〇〇九年二月号
34 死者に捧げられた文学　「ハイ・ファッション」二〇〇九年四月号
35 人生の闘士になった心情新左翼　「ハイ・ファッション」二〇〇九年六月号
36 病んで聴くチェット・ベイカー　「ハイ・ファッション」二〇〇九年一〇月号
37 眼福ムラタ・コレクション　「ハイ・ファッション」二〇一〇年四月号
38 譲らない人々——十冊の本　「本の島々」二〇一一年一〇月二〇日
39 子供っぽさについて　「ユルトラ・バルズ」二〇一二年秋、第二〇号
40 間にあった評伝　「現代詩手帖」二〇一三年八月号

41 だいこんと沖縄　「文芸の本棚　久生十蘭」二〇一五年二月
42 ルネの言葉　「びーぐる」二〇一六年一月、第三〇号
43 ノマドロジストの知と気骨　「ハイ・ファッション」二〇〇七年六月号を、二〇一六年の嵐山光三郎『漂流怪人・きだみのる』刊行後に改稿
44 アレクサンドリアの厭世詩人　『ギリシア詞華集3』月報　二〇一六年一〇月
45 雲を追いかけて　「吟遊」二〇一七年一月、第七三号
46 嘘とめっき——『生命の樹』の由美子　「樹木」二〇一七年三月、第三五号
47 フーリエと私　「シャルル・フーリエ研究集会」二〇一八年三月、一橋大学
48 いのちを分かちあう食卓　「現代詩手帖」二〇一八年一〇月号
49 叡智をふだん着のようにまとい冒険へ出かけた人　「交野が原」二〇一九年四月、第八六号
50 試金石としての〈女の半生〉　「近代文学館館報」二〇一九年五月、第二八九号
51 二重になった世界　「現代詩手帖」二〇一九年七月号
52 素晴らしい低空飛行　「ユルトラ・バルズ」二〇一九年秋、第三二号
53 篋の底の詩　「四季派学会会報」二〇二〇年夏号
54 放浪の歓び　「河口から」二〇二〇年五月
55 アマビエとロマネスク　「空離須」二〇二〇年九月、第二号
56 二〇〇〇年代の軽やかなパロディ精神　『水原紫苑の世界』二〇二一年二月
57 多感な自然児　「図書」二〇二一年七月号
58 誰にも居場所がある世界　書き下ろし　二〇二一年
59 野の書物——多感な自然児の系譜　書き下ろし　二〇二二年

治──葬儀・告別式の記録──1979年9月8日』中野重治を偲ぶ映画人有志の会、1979、『よみがえれカレーズ』熊谷博子＋アブドゥル・ラティーフ共同監督、記録社・シグロ、1989：161–162
デュラス、マルグリット『インディア・ソング』1975：72
NHK・BS『バレリーナ　スザンヌ・ファレルの回想──バランシンと私』2003（Anne Belle & Deborah Dickson, "Suzanne Farrell: Elusive Muse", 1996を上記タイトルで放映）：61
NHK・BS『異国と格闘した日本人芸術家　夢なしにはいられない君──舞踊家・伊藤道郎の生涯』2007：127
ブニュエル、ルイス『ブルジョワジーの秘かな愉しみ』1972：73
ヘインズ、トッド『エデンより彼方に』2002：112
ベルトルッチ、ベルナルド『シェルタリング・スカイ』1990：282
増村保造『巨人と玩具』大映、1958、『妻は告白する』大映、1961、『卍』大映、1964、『偽大学生』大映、1960：34
モギー、レオニード『格子なき牢獄』1938：321
吉田喜重『秋津温泉』松竹、1962：54
レネ、アラン『去年マリエンバートで』1961：72

■ラ

ランボー、アルチュール「感覚」『地獄の季節——ランボオ詩集』粟津則雄訳、集英社文庫、1992：306

■リ

リンザー、ルイーゼ『波紋』上田真而子訳、岩波少年文庫、2000：186, 318, 336

■ル

ルソー、ジャン＝ジャック『新エロイーズ』全4冊、安士正夫訳、岩波文庫、1997：146

■レ

レーヴィット、カール「ハイデガーとローゼンツヴァイク」村岡晋一訳、「みすず」1993年8月号・10月号：328

■ロ

ロソウスカ、ハナほか『中世・美の様式（下）』オフィス・ド・リーブル編、大高保二郎・岡崎文夫・安發和彰訳、連合出版、1991：308

■ワ

ワイルド、オスカー「若い王」『幸福な王子——ワイルド童話全集』西村孝次訳、新潮文庫、1968：124

■映画・映像作品

池谷薫『蟻の兵隊』蓮ユニバース、2006：108

黒澤明『わが青春に悔なし』東宝、1946：35

ザウパー、フーベルト『ダーウィンの悪夢』2005：121

ザガン、レオンティーネ『制服の処女』1933：321

シュミット、ダニエル『書かれた顔』1995：143

シュミット、ダニエル『トスカの接吻』1984：144

ストローブ、ジャン＝マリー＋ユイレ、ダニエル『妥協せざる人々』1965：186

土本典昭『ある機関助士』岩波映画製作所、1963、TVドキュメンタリー『ノンフィクション劇場／水俣の子は生きている』日本テレビ、1965、『水俣——患者さんとその世界——』東プロダクション、1971、『偲ぶ・中野重

1991：111
村田喜代子『偏愛ムラタ美術館』平凡社、2009：183
村田喜代子『蕨野行』文春文庫、1998：184
村松貞次郎『やわらかいものへの視点——異端の建築家 伊藤為吉』岩波書店、1994：129
室生犀星『蜜のあわれ　われはうたえどもやぶれかぶれ』講談社文芸文庫、1993：118
■メ
目取真俊『虹の鳥』影書房、2017：117
■モ
素九鬼子『旅の重さ』角川文庫、1977：118, 186, 302, 324, 336
モーパッサン、ギィ・ド『女の一生』永田千奈訳、光文社古典新訳文庫、2011：274
モラヴィア、アルベルト『倦怠』河盛好蔵・脇功訳、河出文庫、2000：236
モラスキー、マイク『占領の記憶／記憶の占領——戦後沖縄・日本とアメリカ』鈴木直子訳、青土社、2006：116

■ヤ
矢作俊彦『悲劇週間』文春文庫、2008：95
山崎佳代子『パンと野いちご——戦火のセルビア、食物の記憶』勁草書房、2018：263
山田登世子『女とフィクション』藤原書店、2019：274
■ユ
柳美里『8月の果て』新潮文庫、2007：186
夢野久作『ドグラ・マグラ』『夢野久作全集 9』ちくま文庫、1992：50
■ヨ
吉江真理子『島唄の奇跡——白百合が奏でる恋物語、そしてハンセン病』講談社、2005：109
吉田修一『悪人』朝日文庫、2018：132
吉田広行『素描、その果てしなさとともに』思潮社、2006：124
吉本隆明『追悼私記 完全版』講談社文芸文庫、2019：198

細見和之『フランクフルト学派——ホルクハイマー、アドルノから21世紀の「批判理論」へ』中公新書、2014：332
細見和之『「投壜通信」の詩人たち——〈詩の危機〉からホロコーストへ』岩波書店、2018：332
ボーモン夫人『美女と野獣』村松潔訳、新潮文庫、2017：335
堀口大學『月下の一群』岩波文庫、2013：95

■マ
増村保造『映画監督 増村保造の世界——《映像のマエストロ》映画との格闘の記録 1947–1986』藤井浩明監修、ワイズ出版、1999：33
松本清張『半生の記』新潮文庫、1970：197
丸岡明『霧』〈モダン都市文学Ⅱ〉『モダンガールの誘惑』鈴木貞美編、平凡社、1989：118
マルクス、カール『マルクス・コレクションⅥ　フランスの内乱／ゴータ綱領批判／時局論（上）』辰巳伸知・細見和之・村岡晋一・小須田健・吉田達訳、筑摩書房、2005：330
■ミ
三浦國雄『不老不死という欲望——中国人の夢と実践』人文書院、2000：91
三島由紀夫『サド侯爵夫人　我が友ヒットラー』新潮文庫、2003：207
三島由紀夫『近代能楽集』新潮文庫、1968：316
水木しげる『水木しげるの続妖怪事典』東京堂出版、1984：307
水原紫苑『歌舞伎ゆめがたり』講談社、2009：312
水村節子『高台にある家』中公文庫、2012：118
宮内勝典『焼身』集英社、2005：83
ミレット、ケイト『マザー・ミレット』永田美喜子監訳、須田理恵・寺澤恵美子・吉原令子訳、新水社、2008：159
ミレット、ケイト『性の政治学』藤枝澪子・横山貞子・加地永都子・滝沢海南子訳、自由国民社、1974：159
■ム
椋鳩十「山のトンビ」『椋鳩十の本　第二巻　鷲の唄』理論社、1982：187
ムージル、ローベルト「トンカ」『三人の女・黒つぐみ』川村二郎訳、岩波文庫、

久生十蘭『あめりか物語』『十蘭ビブリオマーヌ』河出文庫、2012：206
ビーチャー、ジョナサン『シャルル・フーリエ伝 ―― 幻視者とその世界』福島知己訳、作品社、2001：253
■フ
フィヒテ、ヨハン・ゴットリープ「ドイツ国民に告ぐ」『国民とは何か』上野成利・細見和之訳、インスクリプト、1997：331
藤田富士男『伊藤道郎　世界を舞う ―― 太陽の劇場をめざして』新風舎文庫、2007：131
藤田みどり『アフリカ「発見」―― 日本におけるアフリカ像の変遷』岩波書店、2005：91
藤原審爾『秋津温泉』集英社文庫、1978：56
フーリエ、シャルル『増補新版 愛の新世界』福島知己訳、作品社、2013：243
プルー、アニー『ブロークバック・マウンテン』米塚真治訳、集英社文庫、2006：186
ブレイエ、ルイ『ロマネスク美術』辻佐保子訳、美術出版社、1963：308
フローベール、ギュスターヴ『ボヴァリー夫人』山田𣝣訳、河出文庫、2009：21, 274
ブロンテ、エミリー『嵐が丘（上下）』河島弘美訳、岩波文庫、2004：194
■ヘ
ベトラス、デヴィッド「米民主党 苦悩の背景」朝日新聞、2017. 11. 16：253
ヘーゲル、G. W. フリードリヒ『精神現象学』長谷川宏訳、作品社、1998：329
ヘルダーリン、フリードリヒ『ヒュペーリオン　ギリシアの隠者』青木誠之訳、ちくま文庫、2010：322
辺見庸『ハノイ挽歌』文春文庫、1995、『屈せざる者たち』角川文庫、2000、『独航記』角川文庫、2004、『永遠の不服従のために』講談社文庫、2005：177
辺見庸『自分自身への審問』角川文庫、2009：177
辺見庸『美と破局　辺見庸コレクション３』毎日新聞社、2009：178
■ホ
細見和之『「戦後」の思想 ―― カントからハーバーマスへ』白水社、2009：326
細見和之『永山則夫 ―― ある表現者の使命』河出ブックス、2010：332

■ニ

西谷修編『グローバル化と奈落の夢』せりか書房、2006：122

■ノ

ノウルソン、ジェイムズ『ベケット伝（上下）』井上善幸・岡室美奈子・高橋康也・田尻芳樹・堀真理子・森尚也訳、白水社、2003：69

■ハ

ハイデガー、マルティン『存在と時間』高田珠樹訳、作品社、2013：326

バイロン、ジョージ・ゴードン『マンフレッド』小川和夫訳、岩波文庫、1960：146

バジョーフ、パーヴェル・ペトローヴィチ『石の花』神西清訳、『世界少年少女文学全集 20 ロシア編 3』創元社、1953：295

バジーレ、ジャンバティスタ『ペンタメローネ——五日物語（上下）』杉山洋子・三宅忠明訳、ちくま文庫、2005：14

長谷川伸『瞼の母』『長谷川伸傑作選』国書刊行会、2008：156

バタイユ、ジョルジュ『文学と悪』山本功訳、ちくま学芸文庫、1998：191

ハーバーマス、ユルゲン＋デリダ、ジャック「われわれの戦後復興——ヨーロッパの再生」瀬尾育生訳、「世界」2003年8月号：326

原葵『マッカナソラトビーとんだ』青弓社、1984：186

バラージュ、ベーラ『ほんとうの空色』徳永康元訳、岩波少年文庫、2001：42

バルト、ロラン『サド、フーリエ、ロヨラ』篠田浩一郎訳、みすず書房、2002：249

■ヒ

ひさうちみちお『精G——母と子の絆』青林工藝舎、2007：157

久生十蘭『野萩』『定本 久生十蘭全集』第6巻、国書刊行会、2010：199

久生十蘭『だいこん』『定本 久生十蘭全集』第6巻、国書刊行会、2010：200

久生十蘭『キャラコさん』『定本 久生十蘭全集』第2巻、国書刊行会、2009：200

久生十蘭『内地へよろしく』河出文庫、2015：204

久生十蘭『風流旅情記』『十蘭ラスト傑作集』河出文庫、2013：204

久生十蘭『久生十蘭「従軍日記」』講談社文庫、2012：204

角田房子『閔妃暗殺――朝鮮王朝末期の国母』新潮文庫、1993：97
坪内祐三『靖国』新潮文庫、2001：128
■テ
テイパー、バーナード『バランシン伝』長野由紀訳、新書館、1993：61
デュビー、ジョルジュ『ロマネスク芸術の時代』小佐井伸二訳、白水社、2000：308
デュボア、ジャン＝ポール『フランス的人生』吉村和明訳、筑摩書房、2009：173
デュラス、マルグリット『モデラート・カンタービレ』田中倫郎訳、河出文庫、1985：75
デュラス、マルグリット『ヴィオルヌの犯罪』田中倫郎訳、河出文庫、1995：75
デュラス、マルグリット『戦争ノート』田中倫郎訳、河出書房新社、2008：186
■ト
ドストエフスキー、フョードル『白痴（上下）』木村浩訳、新潮文庫、2004：21
ドストエフスキー、フョードル『罪と罰（上下）』江川卓訳、岩波文庫、1999：329
富岡多惠子『釋迢空ノート』岩波現代文庫、2006：169
トルストイ、レフ「チェーホフ作『かわいい女』への序文」『文読む月日（中）』北御門二郎訳、ちくま文庫、2004：247

■ナ
中井英夫「解説」『久生十蘭全集』Ⅲ、三一書房、1970：204
中務哲郎『極楽のあまり風――ギリシア文学からの眺め』ピナケス出版、2014：217
名取洋之助＋柳宗玄『ロマネスク――西洋美の始源』慶友社、1962：308
名取洋之助『人間 動物 文様――ロマネスク美術とその周辺』慶友社、1963：308
ナボコフ、ウラジーミル『ロリータ』若島正訳、新潮文庫、2006：236
中本道代「詩の血」現代詩文庫 197『中本道代』思潮社、2012：280
中本道代『空き家の夢』ダニエル社、2004：281
中本道代『接吻』思潮社、2018：285

高見順『わが胸の底のここには』講談社文芸文庫、2015：232
財部鳥子『衰耄する女詩人の日々』書肆山田、2006：114
谷崎潤一郎『源氏物語（1 〜 5 巻）』中公文庫、1991：102
谷崎潤一郎『卍』中公文庫、2006：102
谷崎潤一郎『武州公秘話』中公文庫、2005：102
谷崎潤一郎『蓼喰う虫』新潮文庫、2012：102
谷崎潤一郎『細雪（上中下）』新潮文庫、2011：103, 271
谷崎潤一郎『少将滋幹の母 他三篇』中公文庫、2021：156
谷崎潤一郎『瘋癲老人日記』中公文庫、2001：104, 236
谷崎潤一郎『痴人の愛』中公文庫、2006：236
種村季弘『怪物の解剖学』河出文庫、1987：13
多和田葉子『容疑者の夜行列車』青土社、2002：45
多和田葉子「〈生い立ち〉という虚構」『カタコトのうわごと』青土社、1999：46
■チ
チェーホフ、アントン『可愛い女、犬を連れた奥さん 他一篇』神西清訳、岩波文庫、2004：247
千野帽子『文藝ガーリッシュ――素敵な本に選ばれたくて。』河出書房新社、2006：118
チャトウィン、ブルース『黒ヶ丘の上で』栩木伸明訳、みすず書房、2014：291
チャトウィン、ブルース『パタゴニア』芹沢真理子訳、河出文庫、2017：293
張競『アジアを読む』みすず書房、2006：91
張競「三十二年目の回顧」『言語文化』第 18 号、明治学院大学言語文化研究所、2001：92
趙根在『趙根在写真集――ハンセン病を撮り続けて』趙根在写真集制作委員会、草風館、2002：186
■ツ
残雪（ツァン・シュエ）『カッコウが鳴くあの一瞬』近藤直子訳、白水*u*ブックス、2019：186
土本典昭＋石坂健治『ドキュメンタリーの海へ――記録映画作家・土本典昭との対話』現代書館、2008：160

シュミットの世界」アテネ・フランセ文化センター、1982：149
ジュッファ、ジョゼフ『ベーラ・バラージュ――人と芸術家』高村宏・小林清衛・竹中昌宏・渡辺福實訳、創樹社、2000：42
シラー、フリードリヒ・フォン『ヴィルヘルム・テル』桜井正隆・桜井国隆訳、岩波文庫、1957：146
神西清『神西清全集』第一巻、文治堂書店、1980：297
神西清「鹿の記憶など」『神西清全集』第六巻、文治堂書店、1976：298
■ス
須賀敦子『ミラノ 霧の風景』白水*u*ブックス、2001：267
須賀敦子『本に読まれて』中公文庫、2001：268
須賀敦子『ユルスナールの靴』河出文庫、2010：269
須賀敦子「古いハスのタネ」『須賀敦子全集』第3巻、河出文庫、2007：270
須賀敦子「作品のなかの「ものがたり」と「小説」谷崎潤一郎『細雪』」『須賀敦子全集』第4巻、河出文庫、2007：271
須賀敦子「歴史的都心を豊かに育むイタリア」『須賀敦子全集』別巻、河出文庫、2018：271
■セ
関川夏央『白樺たちの大正』文春文庫、2005：91
瀬戸内寂聴『つれなかりせばなかなかに――妻をめぐる文豪と詩人の恋の葛藤』中央公論社、1997：103
■ソ
ゾラ、エミール『ナナ』川口篤・古賀照一訳、新潮文庫、2006：274
成恵卿（ソン・ヘギョン）『西洋の夢幻能――イェイツとパウンド』河出書房新社、1999：128

■タ
大道珠貴『ミルク』中公文庫、2007：119
大道珠貴『蝶か蛾か』文藝春秋、2006：120
太宰治『お伽草紙』新潮文庫、2009：316
高木治江『谷崎家の思い出』構想社、1977：102
高見順『生命の樹』文春文庫、1990：229

呉茂一「ギリシア神話と私たち」『世界少年少女文学全集 1 古代編』創元社、1954：214
■ケ
ケストナー、エーリヒ『人生処方詩集』小松太郎訳、岩波文庫、2014：150
ケストナー、エーリヒ『エミールと三人のふたご』池田香代子訳、岩波少年文庫、2000：190
■コ
小池昌代『ルーガ』講談社、2005：86
小谷野敦『谷崎潤一郎伝――堂々たる人生』中公文庫、2021：101
コールドウェル、ヘレン『伊藤道郎――人と芸術』中川鋭之助訳、早川書房、1985：130

■サ
斉藤綾子編〈日本映画史叢書⑥〉『映画と身体／性』森話社、2006：112
斉藤綾子ほか『虹の彼方に――レズビアン・ゲイ・クィア映画を読む』出雲まろう編、パンドラ／現代書館、2005：112
齋藤希史『漢文脈の近代――清末＝明治の文学圏』名古屋大学出版会、2005：91
佐野洋子『シズコさん』新潮文庫、2010：158
サルガード、セバスティアン『セバスティアン・サルガード写真集――人間の大地　労働』今福龍太訳、岩波書店、1994：123
■シ
島尾伸三『小高へ――父 島尾敏雄への旅』河出書房新社、2008：165
島尾伸三『季節風――照片雑文★☆』『生活――照片雑文★★』みすず書房、1995：165
島尾敏雄『死の棘』新潮文庫、1981：164
ジャリ、アルフレッド『超男性』澁澤龍彦訳、白水*u*ブックス、1989：248
シャルドンヌ、ジャック『離愁（エヴァ）』佐藤朔訳、新潮文庫、1956：51
シュミット、ダニエル＋ベーナー、ペーター・クリスティアン『楽園創造――書割スイス文化史』阿部日奈子訳、大和プレス／平凡社、2009：142
シュミット、ダニエル「ダニエル・シュミットへの 20 の質問」松本正道編集「ダニエル・

カント、エマニュエル『永遠平和のために／啓蒙とは何か 他三編』中山元訳、光文社古典新訳文庫、2006：333

■キ

北原千代『須賀敦子さんへ贈る花束』思潮社、2018：269

きだみのる『單純生活者の手記』朝日新聞社、1963：209

きだみのる（山田吉彦）『モロッコ紀行』日光書院、1943：210

きだみのる『気違い部落周游紀行』冨山房百科文庫、1981：210

きだみのる『道徳を否む者』新潮オンラインブックス、2016：211

きだみのる『人生逃亡者の記録』中公新書、1972：211

北杜夫『マンボウ遺言状』新潮社、2001：191

金時鐘（キム・シジョン）「私の日本語、その成功と失敗」『金時鐘コレクション8 ── 幼少年期の記憶から』藤原書店、2018：37

金時鐘『再訳 朝鮮詩集』岩波書店、2007：151

金素雲（キム・ソウン）『朝鮮詩集』岩波文庫、1954：36, 151

金素雲ほか訳『世界少年少女文学全集32 世界童謡集』創元社、1955：36

金素雲『天の涯に生くるとも』上垣外憲一・崔博光訳、講談社、1989：36

金素雲『朝鮮童謡選』岩波文庫、1933：152

金文子（キム・ムンジャ）『朝鮮王妃殺害と日本人 ── 誰が仕組んで、誰が実行したのか』高文研、2009：100

木村直恵『〈青年〉の誕生 ── 明治日本における政治的実践の転換』新曜社、1998：27

ギャビン、ジェイムズ『終わりなき闇 ── チェット・ベイカーのすべて』鈴木玲子訳、河出書房新社、2006：180

ギンズブルグ、ナタリア『ある家族の会話』須賀敦子訳、白水uブックス、1997：267

■ク

沓掛良彦訳〈西洋古典叢書〉『ギリシア詞華集3』京都大学学術出版会、2016：215

クッツェー、ジョン・マックスウェル『世界文学論集』〔2015〕、『続・世界文学論集』〔2019〕、共にみすず書房：335

工藤庸子『ボヴァリー夫人の手紙』筑摩書房、1986：134

岡真理『棗椰子の木陰で――第三世界フェミニズムと文学の力』青土社、2006：108
小川未明「童話の詩的価値」『定本 小川未明童話全集1』大空社、2001：194
奥野健男〈深淵叢書〉『高見順』国文社、1973：231
奥村和一・酒井誠『私は「蟻の兵隊」だった――中国に残された日本兵』岩波ジュニア新書、2006：105
折口信夫『死者の書　口ぶえ』岩波文庫、2010：169
折口信夫『釈迢空歌集』富岡多恵子編、岩波文庫、2010：169

■カ
風間孝＋キース・ヴィンセント＋河口和也編集『実践するセクシュアリティ――同性愛／異性愛の政治学』動くゲイとレズビアンの会発行、1998：25
加藤徹『京劇――「政治の国」の俳優群像』中公叢書、2002：92
金井美恵子『噂の娘』講談社文庫、2004：118
金井美恵子「ハンプティに語りかける言葉についての思いめぐらし」現代詩文庫55『金井美恵子』思潮社、1973：118
金沢百枝『ロマネスクの宇宙――ジローナの《天地創造の刺繡布》を読む』、東京大学出版会、2008：308
金沢百枝『イタリア古寺巡礼』シリーズ、新潮社、2010～：308
金沢百枝『ロマネスク美術革命』新潮選書、2015：308
カフカ、フランツ「断片」新旧『カフカ全集』旧版〔1962〕ではⅣ巻197頁：10、新版〔1992〕では3巻245頁：11、新潮社
カフカ、フランツ『城』前田敬作訳、新潮文庫、1971：192
カフカ、フランツ『審判』辻瑆訳、岩波文庫、1966：192
カフカ、フランツ「父への手紙」『カフカ全集』3巻、飛鷹節訳、新潮社、1992：193
鎌倉佐弓『鎌倉佐弓全句集』沖積舎、2016：222
川崎賢子「踊りは水木――久生十蘭のこと」「図書」2013年6月号、岩波書店：199
川名大『現代俳句（下）――名句と秀句のすべて』ちくま学芸文庫、2001：223
川端康成『掌の小説』新潮文庫、1971：156

一色次郎『青幻記』筑摩書房、1967：156
伊藤比呂美『とげ抜き ―― 新巣鴨地蔵縁起』講談社文庫、2011：137
伊藤比呂美「説経節 ―― 口ずさむおぐり」『テーマで読み解く日本の文学(上)』小学館、2004：137
稲垣足穂「二十世紀の『箒の柄』―― 飛行者の倫理について」『ヒコーキ野郎たち』河出文庫、1986：288
稲垣足穂「ファルマン」『ヰタ・マキニカリス』河出文庫、2016：290
稲垣足穂「懐しの鳴尾時代」『星の都』マガジンハウス、1991：291
稲垣足穂「未来派へのアプローチ」『東京遁走曲』河出文庫、1991：292
井波律子『奇人と異才の中国史』岩波新書、2005：118
伊吹和子『われよりほかに ―― 谷崎潤一郎 最後の十二年（上下)』講談社文芸文庫、2001：103, 118
林容澤（イム・ヨンテク)『金素雲『朝鮮詩集』の世界 ―― 祖国喪失者の詩心』中公新書、2000：37, 154
岩井志麻子『女學校』中公文庫、2006：50
■ウ
ウィリアムズ、ドナ『自閉症だったわたしへ』河野万里子訳、新潮社、1993：67
ヴェイユ、シモーヌ『重力と恩寵』冨原眞弓訳、岩波文庫、2017：270
ヴェルシャヴ、フランソワ＝グザヴィエ『フランサフリック ―― アフリカを食いものにするフランス』大野英士・高橋武智訳、緑風出版、2003：122
■オ
大江健三郎『偽証の時』『大江健三郎全小説 1』講談社、2018：34
太田越知明『きだみのる ―― 自由になるためのメソッド』未知谷、2007：210
太田治子「父母の真実の姿 やっと向き合えた」朝日新聞夕刊、2016. 6. 24：240
大庭脩『漂着船物語 ―― 江戸時代の日中交流』岩波新書、2001：91
大原富枝『眠る女』新潮社、1974：119, 186, 275, 336
大原富枝『婉という女　正妻』講談社文芸文庫、2005：119, 275
大原富枝『建礼門院右京大夫』朝日文芸文庫、1996：275

「野の書物」に登場する書籍・映画のリスト

・排列は作家の五十音順。
・紹介書籍は、2022年現在、比較的入手・閲覧しやすいと思われる版を一つ選んで挙げました。本書中の引用出典や書籍写真とは一致しない場合もあります。
・各項末尾のアラビア数字は本書での所在頁を示しています。

■ア

青柳いづみこ『翼のはえた指――評伝安川加壽子』白水uブックス、2008：30, 110
青柳いづみこ『音楽と文学の対位法』中公文庫、2010：110
青柳いづみこ『ピアニストが見たピアニスト――名演奏家の秘密とは』中公文庫、2010：110
アップダイク、ジョン『さようならウサギ　II』井上謙治訳、新潮社、1997：175
アドルノ、テオドール『否定弁証法』木田元ほか訳、作品社、1996：331
阿部日奈子『キンディッシュ』書肆山田、2014：195, 243
阿部日奈子『海曜日の女たち』書肆山田、2001：244
嵐山光三郎『漂流怪人・きだみのる』小学館文庫、2018：212
アレクシエーヴィチ、スヴェトラーナ『セカンドハンドの時代――「赤い国」を生きた人びと』松本妙子訳、岩波書店、2016：263
安藤礼二『光の曼陀羅　日本文学論』講談社、2008：169
安藤礼二『神々の闘争　折口信夫論』講談社、2004：170

■イ

池田健太郎「神西清の翻訳」『可愛い女・犬を連れた奥さん 他一篇』文庫解説、岩波文庫、1967：296
石川淳『おとしばなし集』集英社文庫、1977：316
石関善治郎『吉本隆明の東京』作品社、2005：196
石関善治郎『吉本隆明の帰郷』思潮社、2012：197

【著者】
阿部日奈子（Abe, Hinako）
1953年東京生まれ.
詩集に,『植民市の地形』（七月堂）,『典雅ないきどおり』『海曜日の女たち』『キンディッシュ』『素晴らしい低空飛行』（以上四冊、書肆山田）.
訳書に，ルイス・エイラト『あかいはっぱ　きいろいはっぱ』（福音館書店）,ダニエル・シュミット＆ペーター・クリスティアン・ベーナー『楽園創造　書割スイス文化史』（大和プレス／平凡社）.

野の書物

阿部日奈子

2022年7月22日　初版第1刷発行

装　幀　間村俊一
カバー・本文写真　小原佐和子
発行者　丸山哲郎

発行所　株式会社インスクリプト
〒102-0074 東京都千代田区九段南2丁目2-8
tel: 050-3044-8255　fax: 42-657-8123
info@inscript.co.jp
http://www.inscript.co.jp

印刷・製本　中央精版印刷株式会社
ISBN978-4-900997-95-0
Printed in Japan